基于"互联网+"的混合教学实践与探索

边明伟 ‖ 著

西南交通大学出版社
·成都·

图书在版编目（CIP）数据

基于"互联网+"的混合教学实践与探索 / 边明伟著. —成都：西南交通大学出版社，2018.7
ISBN 978-7-5643-6172-3

Ⅰ. ①基… Ⅱ. ①边… Ⅲ. ①课堂教学 – 计算机辅助教学 – 教学研究 Ⅳ. ①G434

中国版本图书馆 CIP 数据核字（2018）第 100833 号

基于"互联网+"的混合教学实践与探索

边明伟 著

责任编辑	李 伟
助理编辑	李华宇
封面设计	何东琳设计工作室
出版发行	西南交通大学出版社 （四川省成都市二环路北一段 111 号 西南交通大学创新大厦 21 楼）
邮政编码	610031
发行部电话	028-87600564　028-87600533
官网	http://www.xnjdcbs.com
印刷	四川煤田地质制图印刷厂
成品尺寸	170 mm×230 mm
印张	10
字数	201 千
版次	2018 年 7 月第 1 版
印次	2018 年 7 月第 1 次
定价	58.00 元
书号	ISBN 978-7-5643-6172-3

图书如有印装质量问题　本社负责退换
版权所有　盗版必究　举报电话：028-87600562

前言

《国家中长期教育改革和发展规划纲要（2010—2020年）》第二十五条明确提出："构建灵活开放的终身教育体系。发展和规范教育培训服务，统筹扩大继续教育资源。鼓励学校、科研院所、企业等相关组织开展继续教育。加强城乡社区教育机构和网络建设，开发社区教育资源。大力发展现代远程教育，建设以卫星、电视和互联网等为载体的远程开放继续教育及公共服务平台，为学习者提供方便、灵活、个性化的学习条件。搭建终身学习'立交桥'。促进各级各类教育纵向衔接、横向沟通，提供多次选择机会，满足个人多样化的学习和发展需要。健全宽进严出的学习制度，办好开放大学，改革和完善高等教育自学考试制度。建立继续教育学分积累与转换制度，实现不同类型学习成果的互认和衔接。"《国家中长期教育改革和发展规划纲要（2010—2020年）》为我国在线教育市场指明了发展方向。

根据公开资料整理，2016年我国在线教育市场规模达到1 560.2亿元，同比增长27.3%；在线教育用户规模达到9 001万人，同比增长23%。预计2018年在线教育市场规模将突破2 000亿，2014—2018年的CAGR（年复合增长率）预计为23.5%，如图1和图2所示。

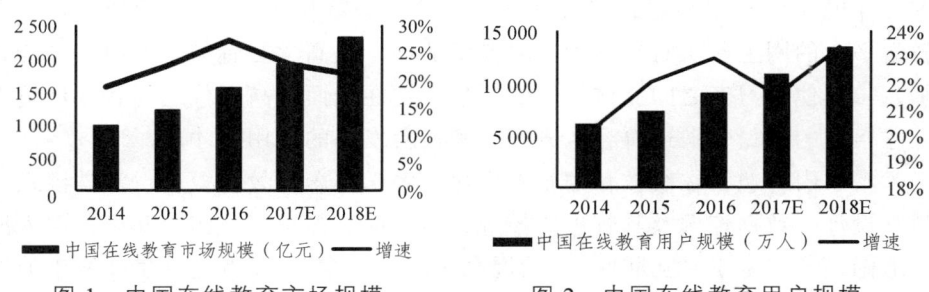

图1　中国在线教育市场规模　　图2　中国在线教育用户规模

与此同时，由于存在教育理念错位、资源严重同质化、市场领域细分不够、商业模式缺乏创新、盈利模式不明确等问题，大部分在线教育机构亏损，甚至倒闭，严重制约其健康发展。从 9 500 家在线教育机构中选取 400 个平台进行的调查显示，盈利平台仅占 5%，亏损平台高达 70%，甚至还有 15% 的平台死亡。针对这一现实，本书以"电大在线"和"国家开放大学学习网"这两个一脉相承的在线教学平台为切入点，通过近 10 年的调查研究、内容分析，提出了"基于'互联网+'的混合教学实践与探索"，旨在考察在线教育市场现状，明确存在的问题与困难，系统分析在线教育发展的内外部动因，积极探寻在线教育发展的未来趋势与方向，旨在促进我国在线教育健康快速发展。

本书第一篇为基于线上线下融合的课堂教学与考核。本篇是根据《四川省教育厅办公室关于申报 2014—2016 年高等教育人才培养质量和教学改革项目的通知》（川教厅办函〔2014〕21 号）要求，成都电大向省教育厅申请并获立项且已验收结题的"四川省 2014—2016 年高等教育人才培养质量和教学改革项目"的研究成果。本篇以国家开放大学（成都分部）教学与考核现状为研究背景，继而探讨基于线上线下融合的课堂教学与考核的"1+6"的教学支持服务模型。最后进行基于线上线下融合的课堂教学与考核的实践检验。本篇重点研究面授课堂与网络课程的理论教学、实践基地的实践教学与网络平台的延伸教学的有机融合，与此同时，深入探讨基于"互联网+"混合教学模式下课程教学与考核的实现路径，切实保证教育教学质量。

本书第二篇为充分利用"互联网+"开展在线教学活动的实践探索与研究。本篇是根据《成都市教育局关于开展 2017 年度成都市优秀教学成果评选工作的通知》（成教办〔2017〕215 号）要求，成都电大遴选并向市教育局推优的教学成果。本篇围绕"线教学质量提升"这条主线，构建网上教学与管理工作的长效机制和适宜交流的学习环境，丰富和活化基于"互联网+"下教学平台的网上非实时导学和实时导学活动，提高学习者与学习内容、与教师、与其他学习者之间立体交互的质量，旨在全面提高现代远程教育环境下人才培养的质量，锻造符合地方经济和社会发展的有用之才。

本书内容包含在线教育的基本规律、办学理念、教育模型、教学模式、教学设计、数据挖掘及其管理监控等，多层面、多角度、图文并茂、深入浅出地阐述了"基于'互联网+'的混合实践与探索"，作者避开生硬简单的说教，于简练的语言中引发出在线教育的"真谛"，阐述"教-管-学"的"铁三角"关系，旨在全面激活在线教育平台中师生教与学的积极性、主动性、参与性和责任感，切实实现教学回归本质，培育教育情怀。德国教育家卡尔·西奥多·雅斯贝尔斯（Karl Theodor Jaspers）在《什么是教育》中提到，"教育就是一棵树摇动一棵树，一朵云推动一朵云，一个灵魂唤醒另一个灵魂"，在线教育者就要怀揣大爱，上善若水。尊重"每一棵树、每一朵云、每一个灵魂"的独特性，乐学生之乐，痛学生之痛，如水般活动，再推动他人，静静等待，就能避免以教育为名义的一切鲁莽，以生命面对生命，以灵魂唤醒灵魂。上善若水，静待花开，是最美的在线教育情怀。

本书在编写过程中得到了学校各级领导和同事的关心和帮助，在推广应用上得到了部门各级领导和同事的大力支持，在这里一并表示感谢。由于作者水平和时间有限，书中难免存在不足之处，望广大读者批评指正。

作者于成都电大
2018 年 3 月

 目录

第一篇　基于线上线下融合的课堂教学与考核

第一章　基于线上线下融合的课堂教学与考核的研究背景 …… 003
　一、面授教学到课率较低 …… 003
　二、网络教学参与度不高 …… 006
　三、实践教学基本被忽视 …… 008
　四、小组协作学习亟待规范 …… 009
　五、期末终考属于末端治理 …… 010

第二章　基于线上线下融合的课堂教学与考核的"1+6"模型 ·… 015
　一、学生为中心 …… 015
　二、教育观念 …… 018
　三、教学模式 …… 020
　四、教学设计 …… 044
　五、教师工作 …… 055
　六、数据挖掘 …… 065
　七、管理监控 …… 072

第三章　基于线上线下融合的课堂教学与考核的实践检验 …… 087
　一、学生满意度测评结果较满意 …… 087
　二、学生在线测评成绩稳定上升 …… 090
　三、中央电大网检成绩逐年攀升 …… 092

第二篇 充分利用"互联网+"开展在线教学活动的实践探索与研究

第四章 充分利用"互联网+"开展在线教学活动的研究背景 ……097
一、面授教学参与不高 ……097
二、网络教学动力不足 ……097
三、实践教学积极性差 ……098
四、小组协作学习执行力弱 ……098
五、期末终考弱化过程 ……098

第五章 充分利用"互联网+"开展在线教学活动的实践探索与研究 ……099
一、构建网上"教管学"的长效机制，保障其稳定性 ……099
二、大力推进省开课学习与考核改革，助推资源建设 ……103
三、活化网上实时与非实时交互教学，激活教学动力 ……107
四、改造和重构在线教学平台，保障和服务在线教学 ……112
五、跟踪和公开网上教学数据，促进教学评价的客观性 ……115
六、实行网上教学观察员制度，实现第三方教学评价 ……119
七、独创基于"互联网+"的"1+6"课程教学模型 ……120
八、践行基于"互联网+"的线上线下混合教学模式 ……121

第六章 充分利用"互联网+"开展在线教学活动的教育教学改革效益 ……122
一、成都电大网上教学行为数据屡创新高 ……122
二、中央电大网上教学检查实现"四连冠" ……128
三、学生对在线直播课的满意度评价良好 ……129
四、"成都模式"正走向总部和各分部 ……133

参考文献 ……149

第一篇

基于线上线下融合的课堂教学与考核

以国家开放大学（成都分部）教学与考核现状为研究背景，探讨基于线上线下融合的课堂教学与考核的"1+6"教学支持服务模型，并对基于线上线下融合的课堂教学与考核的实践进行检验。本书重点研究面授课堂和网络课程的理论教学、实践基地的实践教学与网络平台的延伸教学的有机融合，与此同时，深入探讨混合教学下课程教学与考核的实现路径，切实保证教育教学质量。

国家开放大学是教育部直属，以现代信息技术为支撑，学历继续教育与非学历继续教育并举，实施远程开放教育的新型高等学校。国家开放大学是在广播电视大学的基础上组建而成的。办学组织体系跨行业、跨省（市）、跨区域，立体覆盖全国城乡，包括总部、分部、学院和学习中心，依托各种社会力量，与国内外一流大学、部委行业、知名企业、中心城市，建立支持与合作联盟。按照"统一战略、共同平台、资源共享、相对独立、错位发展、各具特色"的原则运行。目前，在籍学生规模 359 万，其中，本科生 109 万，专科生 250 万，包括 20 万农民学生、10 万部队士官学生和 6 000 多名残疾人学生。

成都广播电视大学（国家开放大学成都分部）创办于 1979 年，是由教育部批准建立的省级广播电视大学，属独立建制的公办成人高等学校，行政上接受成都市人民政府的领导和教育行政部门的管理，教学业务上接受国家开放大学（中央广播电视大学）的指导。国家开放大学（成都分部）主要承担成人开放教育专科和本科、成人高考专科学历教育、中国人民大学网络教育等学历教育工作，同时开展各类非学历教育和社区教育工作。成都广播电视大学（简称成都电大）经过 26 年的改革与发展，现已形成了以总校为中心，完全覆盖成都市 20 个区、市、县，并辐射成都周边地区的完善的办学网络系统。目前，学校各类学历教育在籍学生 5 万人。

第一章

基于线上线下融合的课堂教学与考核的研究背景

本书遴选国家开放大学教学与考核中的质量控制关键点，着重从面授教学、网络教学、实践教学、小组协作学习和期末终考五个角度来阐明基于线上线下融合的课堂教学与考核的研究现状和背景。

一、面授教学到课率较低

开放教育是国家教育部贯彻落实国务院批转教育部的《面向21世纪教育振兴行动计划》，推动实施"现代远程教育工程"的教育试点。开展这一教育试点，旨在充分发挥广播电视大学系统在我国现代远程教育中的重要作用，以及普通高等学校在教学和科研等方面的综合优势，探索适合我国国情的现代远程开放教育模式，也是中央广播电视大学改革人才培养模式、发展现代远程开放教育的重要实验。但是在现实境况下，却存在学生到课率较低的问题，有很多学生由于各种各样的原因不能按时参加面授辅导课，从而不能达到良好的教学效果和学习效果。

（一）开放教育面授辅导课与普通高校面授教学相比较

1. 面授辅导的受众不同

普通高等教育教学中，学生都是经过严格的高考选拔而入学的，在文化程度上基本是相当的。而开放教育则不同，学生不仅存在个体差异，而且还存在着知识、年龄和社会认知差异，并且具有相当丰富的社会工作经验，同时从事的工作也是形形色色。因此，开放教育的学生在学习目的上，比普通高等教育的学生要复杂得多，绝大部分学生希望学点知识，提高自己的文化素养；也有部分学生以工作实际需要来弥补自己在业务或专业上的不足，进一步提高自己的业务技能并获得相应的学历等。

2. 面授辅导的内容侧重不同

普通高等教育教学中，课程学时的安排是非常明确的，一般也是合理充足的。而开放教育主要还是以学生的自主学习为主，教师只是提供相应的教学资源和进行必要的面授辅导，所以在面授学时方面是经过压缩的，一般不超过课程实际学时的一半。内容上主要就是对本课程的重点、难点进行讲解，并解答学生的疑问。此外，开放教育的面授辅导，其教学本身的内容或任务，也与普通高等教育不同，后者主要侧重知识的传授和掌握，前者却更应该注重学习方法的探索和思维模式的训练，因为开放教育倡导的就是学生的自主学习，而自主学习更重要的是一种学习方法和思维模式。

3. 面授辅导的教学形式要求不同

远程开放教育教学模式与普通高校的教学模式有很多不同之处，其中最显著的差别就在于，开放教育是以学生自主学习为主，结合多媒体资源以及其他各种相关通信服务的利用，如电话（答疑）、电邮（解惑）、网络、微博、微信等方式，与责任教师对学习中遇到的问题进行讨论和咨询。基于上述情况，在开放教育中，占较少比例的面授辅导课的重要作用就尤为突出。因为通过面授课，教师和学生要进行有效的互动，教师需要将知识结构和学习的重点难点给学生进行讲解和介绍，同时对学生在自主学习过程中遇到的问题给以及时的解答和引导，并对学生未来自主学习的方向和方法给予面对面的指导。只有通过以上的途径，才能达到预期的教学目的和教学效果。

（二）开放教育面授辅导课学生到课率的特点

尽管开放教育倡导的是学生自主化学习，但在我国目前的教育状况和教育体制下，人们对面授课的依赖心理还普遍存在，笔者认为开放教育学生对面授课的重视程度的高低是影响学生学习效果和学校人才培养质量的一个重要因素。那么面授课学生的到课情况究竟如何？又呈现出何种规律呢？

1. 新生到课情况较好，老生较差

数据显示：新生的到课率普遍在百分之七八十，而老生的到课率则普遍集中在百分之三四十，两项数据对比明显。开放教育学生基本上是在职人员，新生在入学之初，对学校、新的学习方式及所学专业都有一种强烈的新奇感，离开学校时间较长的学生对学校和上学有一种久违的亲切感，而离开学校时间不长甚至刚毕业的年轻学生由于思想上的惯性，对学校有一种依赖性，还有一部分学生是真正想学习知识以便用于工作实践之中，种种复杂的态度都驱使他们来到学校；而老生经过一段时间的学习，对开放教育的学习方式有了较为深刻的理解，较之新生完全把精力投入到面授课上的单一的学习方式，老生已逐步能够较为自如地运用学校所提供的各种教学资源（包括文字教材、音像教材、网上动态资源等）进行学习，这势必在一定程度上影响了面授课的到课率。

2. 专科学生到课率略高于本科学生的到课率

从相关数据中可以看出，无论是公共课还是专业课，同为新生，专科学生要比本科学生到课率稍高。对于这一点，笔者认为，专科学生起点是高中、中专或者技工学校，这样的学历显然不能完全适应现代社会对人才的要求，而本科学生起点是专科，学生中有很大一部分都拥有稳定的职业和收入，就面临工作压力和生存压力这一点，专科生要比本科生大，希望改变自己面临的不利现状和所处的不利竞争地位的愿望也更加强烈，所以对面授课重要性的认识更加充分，上课的积极性更高一些。

3. 公共课到课率较低，专业课较高

数据显示，本科阶段的《英语3》《英语4》，专科阶段的"中国特色社会主义理论体系概论"的到课率比本班其他课程稍低。据课题组调查，很多学生反映由于自己英语基础差，24个课时的面授课学习根本不能给英语水平带来真正意义上的提高，因此也就放弃了面授课。学生反映，平时没有多少时间来进行预习和复习或者展开其他形式的学习以完成另外 2/3 学时，所以面授课时有很多地方不能完全理解，难度较大的课程这个问题就更加突出，比如说经济学科和管理学科的经济数学基础就是个很典型的例子，面授课堂上听不懂给部分学生带来的挫折感致使他们逐渐放弃了面授课，所以这些课程的到课率相对较低。

二、网络教学参与度不高

网络教学目前已经成为远程教育的一种重要教学模式，是电大教学的重点环节，关系到电大教学质量的整体提升。随着信息技术的迅速发展，学生日益个性化的学习需要，对网上教学工作提出了新的要求。近几年，电大的网上教学工作飞速发展，为提升电大远程教育教学质量做出了巨大的贡献，但在实践过程中发现网上教学仍存在一些问题和不足，在一定程度上影响了远程教育教学质量的提升。笔者对网上教学工作实践进行总结和分析，尝试解决找出的问题和不足，为电大网上教学工作质量的提升作参考。

（一）网络教学管理制度不够完善，考核机制不全面

电大在发展网络教学模式的同时，对于网络教学管理制度还处在探索阶段，因为网络资源的运行均在虚拟环境下，学生在线学习时间和空间也是分离的，过程具有自主性，而针对网络教学的管理制度更新较慢，按照软件系统的基本管理方式进行管理成为常态。随着学校的不断变化发展以及学生的不同需求，原有的管理方式已经不能满足，需要逐渐完善。在网上教学过程中，及时地跟踪和监控教学质量以及成效，发现存在的问题并迅速反馈，尽快解决问题，是实现网上有效教学和提高质量的重要保证。目前，各地学习中心对网上教学质量的监控评价包括网上教学资源、网络平台、教学平台、教务平台、作业和考试、导学教师的分析评价，但大多都是针对教师而言的。针对学生的考评是形考成绩，而形考成绩与网上学习的参与度以及效果没有直接关系，对学生的学习效果没有评价和反馈机制，那么网上教学支持服务的"教"和"学"没有直接关系，网上教学活动的效果得不到考评和保证。

（二）专业授课教师和网上教学活动结合不紧密

目前，电大的教师队伍分为兼职和专职两类，由于师资的实际情况，更多的专业课程授课是依赖于兼职教师。兼职教师一般是做专业面授教学，在学生的学习过程中直接与学生接触，是课程的教师代表，承担课程教学中师生之间绝大部分的教学及专业交互工作，是影响学生学习过程与效果的关键角色。兼职教师还有自身的本职工作，课后不再做网上教学活动，如果学生想要与兼职教师互动就只能通过面授课的形式，但课时有限，时间和距离的

因素使得师生互动较少。而专职辅导老师大多是做支持服务管理工作，不具备专业知识，无法满足学生个性化和人性化的网上专业知识的教学互动，从而降低了网上教学的效果。

（三）专业课程安排实践性不强，学生学习主动性不足

电大的教学过程受到普通高校在教学管理模式、管理理念的影响和束缚，在一定程度上借鉴了普通高校的教学管理模式。与普通高校的课堂面授教学方法不同，现有电大大部分课程采用网络化教学，有自身特点。目前，电大的统一的学生培养计划、教学任务、教学实施方案，都是由上级电大制定，逐级下发。对学生而言，无论自身的情况怎样，必须接受学校相关的教育形式和内容，必修课程和选修课程均为学校规定的，学生难以根据自身的职业、兴趣和需求来选择专业课程，而且授课教师也按照上级下发的教学计划执行教学任务，专业课程体系设置忽略了学生的特点，没有体现学生的主体地位，完全是被动地接受管理。在这种模式下，教和学分离，教师的教学创新受到限制，学生丧失了学习的积极性，面授课程出勤率降低，网上教学参与度低，学习效果不够理想。

（四）网络资源分散，共享度不高，质量不高，缺乏统一管理

随着网络技术的迅速发展，电大将以前的中央电大、省级电大和分校的三级教学平台整合为国家开放大学学习网。国家开放大学学习网已建成学校门户网站、学生在线学习系统、精品课程学习平台等。在现有管理模式下，网络资源分散，各级教学单位都在投入人力、财力进行网络资源的建设，但网络资源不能互联互通，难以共享，造成重复建设，资源共享度不高，资源浪费。

目前，平台上现有资源主要以专业课程的文本教材和教材附带视频为主，视频课程较少，大部分内容是对授课的简单重复，专业教学团队录制的视频资源和互动资源较少，更新速度缓慢，缺乏优质资源。对于不同层次和需求的学生而言，网上教学资源数量和质量明显不足。

网上教学一方面利用网络的共享性增加学生获取知识的渠道，另一方面可以利用交互性增加学生和老师的交流，但目前平台仅提供讨论区进行交流互动，而讨论区主要采取文本交流的形式，不利于师生个性化的交流。而微

博、微信、QQ、Email 这些方式都是很好的网上教学交互方式，但又无法在教学平台上体现，不作为教学考核依据。目前急需不断发展和扩充大型数据资源交流的平台，满足新的市场需求，不断扩充学生开放学习的动态资源。

三、实践教学基本被忽视

线上与线下相融合的课程实践教学的提出背景就在于开放教育各专业的课程实践和综合实践教学现状不理想，基本处于"流于形式"或"被忽视"的状态，开放教育各专业的实践教学现状特点如下阐述。

（一）注重知识传授，忽略能力培养

目前，国家开放大学大多数专业课程主要以理论讲授为主，忽略了对学生实践能力的培养。专业课程比较偏重课程理论的讲解，课程实践的内容主要以课程作业形式来完成，贴近生活的课程实践就更少。学生的实践内容主要依托集中性实践教学环节来进行，而集中性实践教学环节基本上都放在第三或第四学期进行，这些都是需要学生学习完全部的理论知识后再进行，理论与实践的时间间隔周期较长，很难达到实践能力提升的理想效果。

（二）集中实践环节教学效果有限

目前，国家开放大学大多数文经类专业的集中性实践教学环节是完成社会调查报告和毕业论文，理工类专业的集中性实践教学环节是完成实习实训报告和毕业设计，无论是社会调查报告还是实习实训报告，都需要借助实践教学基地或者仿真实训实验室来完成。从目前来看，大多数办学单位并没有建立真正意义上的实践教学基地，实验实训设备和条件也存在参差不齐的现象，大型的集中性实践教学活动并没有得到有效地开展，集中性实践教学活动的效果不容乐观。

（三）校外实践基地运行效果不佳

目前，国家开放大学各专业学生的校外实践教学基地大多是公司、企业或其他经营性组织，在市场经济的今天，各公司、企业或其他经营性组织都

是一个独立的自负盈亏的经济实体，没有义务或者不愿意为学生提供实习服务。其原因在于，学生实习时间较短，对于公司持续性的业务开展存在一定障碍；盈利性的经济组织也不原意让学生知晓其商业秘密或接触其不规范的商业行为；按照"老带新"的原则，实习学生将大量占据公司老员工的工作时间，对于密切关注经济效益的公司而言，一般不情愿接受实习学生。由此可见，校外实践教学基地的运行效果不理想。

（四）教师实践教学经验水平不足

目前，国家开放大学各专业实践教学环节的指导师资一般由专业教师或者高校的在读研究生担任，大多数专业教师都是从"高校到电大"，他们从未从事过真正的企业实践工作，对具体的企业业务环境未亲身经历，对学生实践教学的指导仅仅靠自己对课本知识和能力的感知，其指导与解释缺乏真实性和权威性。与此同时，大部分专业教师都是"闭门造车"，与校外实务界的联系、交流甚少，良莠不齐的实践教学师资队伍严重影响了学生实践能力的提升。

（五）被动学习较多，主动学习较少

主动性是自主学习的首要特征，主动性和被动性在学生的具体学习活动中分别表现为"我要学"和"要我学"。目前，国家开放大学各专业的实践教学课程，教师依据专业规则教授学生知识，学生中主动学习者很少，基本上是被动接受教师传授的知识。大部分学生还停留在"要我学"阶段，"我要学"的学生比例很少，学生主动学习的积极性没有被充分调动起来，所以学习者的学习效果受到了一定程度的影响。

四、小组协作学习亟待规范

小组学习一直是国家开放大学开放教育学生进行协作化学习的基本路径，其在基层电大运作实践的规范性还亟待完善。

（一）未能充分明确自学在电大学习中的重要性

由于成人学习有着许多因素的干扰，时间安排难以满足，因此小组合作

学习的各个成员在基层电大进行面授辅导、集中学习的前提下，必须另外挤出一些时间和精力来阅读相关书籍，开展自学，各个成员要按照自身的工作和学习时间安排，来设置重点预习与复习的章节内容，但由于在小组合作学习时分工不明确，每次小组讨论的时候，大家过于依赖上课的讲解，自学部分相对欠缺，在谈论中难有自己的观点和内容，造成了大家的合作学习成了课堂教学的简单、低效、重复，如此一来就造成了小组合作学习"流于形式"，每个学员自学的内容较少，在小组中表达得也就较少，无法加深大家的印象，学习效果也就难以提升。

（二）没能充分运用讨论的模式来处理学习中的问题

小组成员来自各行各业，在学习上、工作中所遇到的难点各有不同，所以，他们在进行小组学习时，甚至不会列出难点与问题，在合作学习、讨论发言时也就无法做到有的放矢，时间一长，大家也就无心进行讨论了；而当有的学员提出具体问题时，别的学员未必能热情地去解答，如果出现共性的难点，则依赖于老师统一讲授。

（三）难以把握学习、工作和生活的关系

电大的教育和学习与全日制普通院校相比，从学员们就读的目的、学历要求与知识结构等层次都有着明显的不同，电大学习的学员经常会受到工作、生活、家庭等多种因素的干扰，常常会出现分心或精力无法集中的现象。

因此，要想学习好，他们要还得妥善解决好学习、工作、家庭与学业的矛盾。当前小组合作学习的情况是，在考试前进行"歼灭战"（临时突击）、应付考试，而真实的学习效果与掌握知识的程度难以体现，虽然学习小组也有着"结对子"彼此帮助的情况，但由于这些原因都未能较好地实施，集中讨论、合作学习多是在网上进行。

五、期末终考属于末端治理

（一）电大期末终考的现状

1. 同一把尺子

国家开放大学毕业证书是国家颁发的高等学历教育证明。电大考试的最

基本功能，就是评定学生是否可以获取学分。学生是否通过考试直接关系到他能否得到国家承认的学历。目前，国家开放大学开设的全国统设必修课程有 1 000 余科次，对于学生而言，其中的 60%，甚至更多的课程都要参加国家开放大学组织的全国统一考试。也就是说，构成每个专业基本框架的公共基础课和专业必修课，都由国家开放大学统一考试。无论教育条件如何，不管学生水平如何，都用统一考试这把尺子衡量每个学生。不可否认，这把尺子在统一教学计划、教学大纲、教材的条件下，在保证毕业生水平达到培养目标的基本要求上起到了不可替代的作用。

2. 同一个标准

国家开放大学的全国统一考试是一种目标参照性考试。其目标参照系即广播电视大学规定的培养目标及规格。这种大规模的考试，涉及面广，情况也十分复杂。但统一考试只追求一个目标，不管地域远近、人员亲疏，考试工作都必须组织严密、严格、公正。电大统一考试的计划、组织、实施是一项复杂有序的系统工程，从中央到地方有一支专兼职结合的考试管理队伍，还有一系列配套的管理办法，保证了考试各环节的工作得以做到有章可循、有法可依。从国家开放大学总部到分部再学习中心都有专门从事考试组织管理与协调的业务部门——考务处（科），分别承担制订统一的考试计划，规定统考科目、统考时间、统考要求，组织统考科目试卷的编制与审定，组织安排统考试卷的印刷与发送；收集、整理考试信息，开展试卷评估；组织填发准考证、安排考场、聘请监考、实施考试、反馈考试信息等工作。电大统一考试的规模，保密性和组织的严密性绝不亚于全国高考和成人高考，而其开考科目之多，组织之复杂又超过高考和成人高考。正是在"统一、严密、严格、公正"的同一标准下，才保证了电大的教学质量。

3. 教考职责的高度分离

就电大考试的职责而言，全国统一考试的计划、命题、制卷工作均由国家开放大学总部主持进行，分部具体负责考试的组织与实施。就教学职责而言，国家开放大学总部负责制订教学计划和教学大纲，负责聘请国内优秀的主讲教师和教材主编，编写制作多媒体教材，分部具体负责教学的组织与实施。国家开放大学总部和分部坚持辅导与命题分开的原则，严格规定凡参与命题和接触试卷的人员一律不得对学生进行期末面授复习指导。对于直接接触学生却不接触试题的分部教师，和对于直接管理教学而不参与试卷制作的分部教学管理人员而言，全国统一考试做到了教考分离。为了防止极个别参与命题工作人员违反规定，参与个别地区、个别部门组织的期末面授辅导，国家开放大学早在 1990 年已开始实行每门课程编制若干套试题的办法，在固定的考次，不确定地抽取试卷，对于总部的专兼职教师而言，同样做到了"教考分离"。国家开放大学的这种教学与考试职责的分离，是一种固定考次、确定考试内容和参与命题教师不见面的分离，客观上保证了统一考试所具有的严肃性、公平性和权威性。

（二）电大期末终考的问题

1. 考试作为教学信息的反馈手段作用发挥不够

考试是教学过程的一个十分重要的环节，任何一种具有特定培养规格要求的教育形式都离不开考试。电大这种教学形式更是如此。就考试对教学信息的反馈和教学评估的作用而言，开放教育和远距离教育在信息收集整理和反馈方面，较传统教育更显得迫切。电大的教育模式下的教学计划、教学大纲、教学资料等都远远超前于目标考核行为，考试作为一种教学信息反馈手段，本应该为教学设计、教学计划的制订，教学大纲的修订，教学媒介的选择及其他教学环节提供可参考的宝贵信息，但由于对考试信息的收集整理和反馈的手段不先进或方法不科学，这些信息很难对教学环节或考试目标构成影响。一方面，不可能较快改变教学媒体的作用，总需要几届学生的代价才能影响到教学手段上，而教学手段的现代化和科学化运用却又是电大赖以生存的土壤；另一方面，又很难分辨出教学成败的原因主要出现在哪个环节上，使基层电大或教学班在重新组织实施教学时难以明白应在哪个方面投入更大的精力，从而只好以超量的面授辅导或干脆以面授代替现代网络教学来解决应付考试的问题。

2. 教考分离的联系作用发挥不够

电大的教考分离，虽然是任何大规模考试组织者都刻意追求的，也是评价大规模考试是否具有公平性、权威性的基本标准之一，但是教考分离是有联系的分离，如果一味拔高分离，而忽视联系的一面，似乎分离程度越高，考试的信度就越可靠，就显然走向绝对化和片面性。考试只是测量教与学的效果、鉴别人才水平的一种手段，学生考得好的前提是教得好和学得好，而教得好和学得好的前提对电大教育来说，又主要取决于远距离教学始端信号的质量和教与学的交互效果。电大的教学是在教师与学生高度分离下进行的，考又是与教分离的，但电大是高等学校，并不是单纯的考试机构，它不同于高等自学考试，因此必须十分重视考与教的密切联系，实事求是地确定教的内容和考的内容。电大教的内容过多，又在不了解教的情况下去组织考试，势必影响了教考分离中教与考联系作用的充分发挥，难以使教学与考试得到完整统一。

3. 分部所负责的40%课程的考试质量堪忧

分部在所负责的课程大约占各专业课程设置的40%，因此，解决分部负责专业课及选修课的考试计划和组织考试工作，在保证教学质量上起着十分重要的作用，不可小视。所培养人才的专业技能与专业课教学有着十分密切的联系，而分部一是在教学媒体制作质量上还处于较低水平，二是在专业课的认识和组织教学内容方面也难尽人意，三是在组织教学上往往以面授代替现代网络教学手段，基层电大的教师很难把握统一的教学大纲，四是教学目标与考试目标经常发生偏离。在这种情况下，占总课程40%的课程要么降低了规格，为教学提供了一种不该发生的误导，要么考教不相一致，使教更加难以适从。因此，对于落后地区的分部来说，所担负的总课程中40%的课程的教和考的质量都亟待提高，这是造成国家开放大学办学系统教学和教学管理及质量控制差异的主要矛盾，应该重视起来。

4. 考试的评价功能没得到充分发挥

考试是对学生学业成绩进行阶段性或总结性检查与评定的重要手段，是教师教学效果和学生学习质量评价体系中不可缺少的重要环节，考试的内容与形式直接影响着教与学的质量和培养目标的实现程度。从考试的功能上分析，考试具有检查学习效果（质量）、反馈教学信息、评价教学效果、评定学业成绩、评价课程目标、评价培养目标等功能作用，这些功能的核心是评价。从电大30多年一贯制的考试模式来看，电大的考试仅采取了终结性考试一种形式，而仅靠终结性考试去判定学业成绩和能否获得规定学分是非常不完备的，更不要说发挥其评价功能了。电大的考试把评价功能框缚在评定学业成绩上，极大地限制了其评价功能的充分发挥，是亟待改革的一个方面。

5. 考试的结构程度不高

考试是一种各种评价手段（形式）科学、合理的结构系统，从考试的形式上讲，以时间为参照，可分为过程性考试和终结性考试两大类。过程性考试是指教学活动开展一个阶段之后，为了检查教学效果和学生学习情况的一种考试形式。根据高等教育的特点，过程性考试应当包括平时常规作业、平时大作业、期中考试、课程实践（实验、实习、操作训练）等形式。终结性考试是教学活动进行了一个较完整的周期之后，为检查周期性教学效果和学习质量的一种考试形式。根据学历教育的特点，终结性考试应当包括技能证书综合考试、课程设计、素质综合考试、期末考试、毕业考试（或毕业设计及论文）等形式。一般来讲，在传统的学科教育中，较重视终结性考试，把终结性考试作为检查和评定学业成绩的唯一手段，而把过程性考试仅视作获得教学信息的一种途径，忽视了其作为检查和评定学业成绩的功能。电大的考试承袭了传统考试的模式，无论从考试形式的结构性上讲，还是从考试要素的结构性上讲都不够完善，需遵循电大远程开放教育的特征和培养目标，按照考试结构的原则，优化考试结构，促进其评价功能的发挥。

第二章

基于线上线下融合的课堂教学与考核的"1+6"模型

为了有效地提升学生使用现代远程教育技术手段进行远程学习的能力,解决学生学习的时空矛盾,本书根据国家开放大学(成都分部)教学运行实践,提出了基于线上线下相融合的课堂教学与考核的"1+6"模型,如图2-1所示。

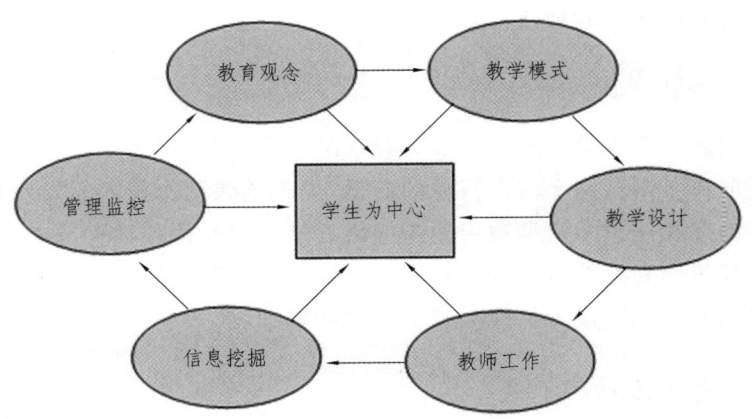

图 2-1 基于线上线下相融合的课堂教学与考核的"1+6"模型

一、学生为中心

在古代,教育体现了"以学生为中心",但现在,由于班级教学制的提出、工业革命的影响、我国的特殊国情等原因,教育偏离了"以学生为中心"。由于信息技术的影响,心理学科、教育学科的发展,高等教育大众化等原因,人们重新开始重视"以学生为中心"。"以学生为中心",指以学生的学习和发展为中心,实现从以"教"为中心,向以"学"为中心转变,从"传授模式"

向"学习模式"转变，从而提高学生的学习质量，使学生在知识、能力和素质上获得全面提升。实现"以学生为中心"，是一种范式的转变，必须全面、整体、协调推进。要转变教育思想、观念，全方位进行设计；要转变教学方式、方法和手段；加强对学生学习的指导；改革制度，调整政策。

"以学生为中心"就是要以学生的学习诉求（需求）为中心，充分考虑学生的工作、学习和生活实际，利用现代信息技术提供多种渠道的教学支持服务，满足学习者学与考的需求。通过调研分析，"以学生为中心"的学习需求主要表现在以下七个方面。

（一）获取信息简便

学生希望通过比较方便和快捷的方法获得所需的信息。这些信息既包括与课程教学环节直接相关的信息，也包括与整个学习过程相关的信息；同时信息还应是有组织的和便于查找的。

（二）浏览资源顺畅

在现代远程教育中，网上教学资源逐渐处于主力地位，学生的学习质量很大程度取决于浏览网上教学资源的质量。由于微课制作技术的发展和普及，越来越多的多媒体教学资源被应用于网络教学。多媒体教学资源由于其自身的特点，在传输和播放时都占用较多的系统资源和网络资源。因此，保障资源能够被顺畅浏览就成为了保障教学质量的基础。

（三）交互活动实时

能够利用互联网络开展实时的交互教学活动是现代远程教育与传统远程教育的重要区别之一。学生日常的学习都是通过浏览网络课程、面授教学辅导等非实时的方式，因此他们特别愿意参加在线讨论、在线答疑等实时教学活动，希望能够与教师进行实时交流。

（四）统计信息及时

由于网络学习通常是分散式学习，即学习过程可能被分成若干零散的部分，学生常常想了解一些整体情况。因此，学生总是希望通过学习平台及时获得一些与学习相关的统计数据，以帮助自己调整后面的学习计划。为了便于决策，这些数据应该是准确、及时、有效的。

（五）"一站式"服务

从 1999 年开放教育试点项目开展以来，国家开放大学总部（中央广播电视大学）、国家开放大学各分部（省级广播电视大学）及各个学习中心（分校、教学点）都在积极通过各种手段为学生提供网络学习环境和学习资源，以帮助学生实现"自主确立学习目标、自主选择学习内容、自主控制学习过程、自主评测学习效果"。于是就出现了多个不同的平台分别为学生提供不同的服务。学生在学习过程中就要分别访问这些独立的系统，在系统切换过程中浪费了不少时间，同时也不便于学生对课程的系统学习。因此，学生们迫切希望能够享用"一站式"服务，即从一个入口登录就可以访问到所有的教学信息和教学资源，可以参加所有相关的教学活动和考试活动。

（六）个别化学习

由于每个学生的学习习惯、学习时间、学习能力等都有很大差别，因此都希望能有一个针对自己设置的学习平台，即希望能够实现"个性化学习"。这其实也是现代远程教育的基本特点之一。

（七）学考一体化

学生在线学考一体化，一般的网络学习平台都可以为学生提供丰富的资源和多样的功能，但是只有合理使用这些功能才能够有效地、高效地进行远程学习和考试。通过学生和教师的交流讨论以及学习一些行业专家的理论文献，归纳出学生在线学考一体化的合理流程，如图 2-2 所示。

学生登录平台后，首先依据教学计划选择所学的课程，选课后就需要了解课程的基本信息，如教学大纲、实施意见、考核说明、教师联系方式等。然后根据教学要求通过观看媒体课程、阅读教

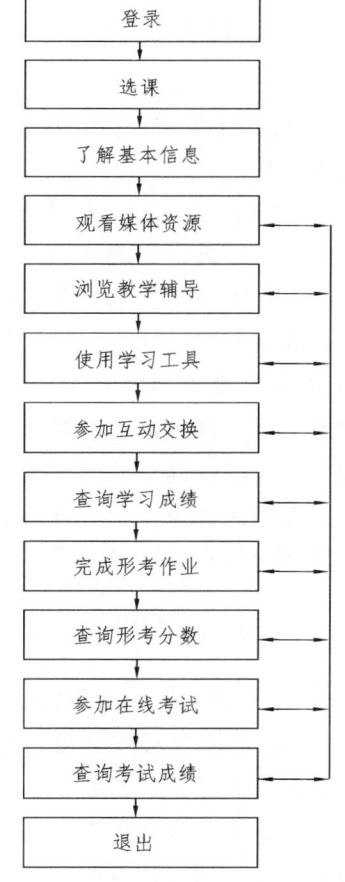

图 2-2 在线学考一体化过程

学辅导文章进行学习，学习期间还可以使用各种学习工具。学习进行到一定程度后可以通过参加在线讨论、在线答疑等教学活动，与同学、教师进行讨论，解决学习中遇到的问题，进一步加深理解和记忆。学习结束时可以查询学习过程的各种统计信息。学习完成后可以通过参加在线形考和在线考试等教学测评活动，完成知识的检验，进一步强化知识的应用和升华。学考一体化的设计旨在全面激活学生的学习动力，积极将学生的"要我学"转变为"我要学"，切实满足学生的学习需求和回归教育教学的本质。

二、教育观念

进入 21 世纪，在党和政府的大力倡导下，我国"构建终身教育体系，形成全民学习、终身学习的学习型社会"的行动已经展开。学习型社会作为未来社会的理想追求，对其含义的理解可以是动态的，但并不妨碍我们在 21 世纪初，凝练出它既为学界广泛认同、又为大众广泛接受的"人人皆学、时时能学、处处可学"这样一种实践方针和远景目标。《国家中长期教育改革和发展规划纲要》对此十二字方针亦予以充分采纳，并面向全国再次强调，"到 2020 年，努力形成人人皆学、时时能学、处处可学的学习型社会"。国家开放大学（成都分部）也将"人人皆学、时时能学、处处可学"作为承载学校教育观念的最高精髓。

为加深认识，我们有必要对蕴藏于"人人皆学、时时能学、处处可学"中的终身教育与终身学习思想作进一步阐释与解读。

（一）"人人皆学"彰显了学习的主体观

"人人皆学"顾名思义，就是"每个人都来参与学习"。这种解释看似简单，却隐含着终身教育与终身学习思想最本质的特征——对学习者主体地位的尊重与彰显。

孔子的"有教无类"、孟子的"人皆可以为尧舜"，以及大教育家夸美纽斯的"把一切事物教给一切人"的主张，早已尽显异曲同工之妙。当代终身教育思想的提出者——保罗·郎格朗更宣称："每个人都要实现自己的抱负，发展自己的可能性！"终身学习思想则以创新视角，主张学习者要从根本上实现从教育"客体"向学习"主体"的转变。

在当今"以人为本"的理念背景下,"人人皆学"及其学习主体观可以被诠释为:它对学习者主体进行了界定。学习不再限于学龄儿童、精英阶层的两极领域。相反,它强调每一位社会成员,无论其性别、年龄、地域、职业、种族、收入等存在何种差异,都是平等的学习主体。它还突出强调了学习者的主体意识,认为每一位社会成员不仅是"教"的对象,更是"学"的主人。他们可以通过多样化的学习方式,特别是自我导向学习,充分挖掘自身的生命潜能,在不断变化中实现每个人的终身全面发展。

总之,"人人皆学"把"人"放在了首位,主张通过人的主体性学习来追求人的主动意识,实现人的充分发展。

(二)"时时能学"阐扬了学习的时间观

"时时能学",意指"每时每刻都能进行学习",这体现了终身教育、终身学习思想对学习与时间之关系的基本看法,在纵向维度上对"终身"这一概念形成了最为基本与真切的解释。

两千年前,荀子在《劝学》中便有"君子曰:学不可以已"的感慨,亚里士多德也有"各种年龄的人都应受到训练"的论断。第二次世界大战后,当面对早已被学校禁锢数百年之久的教育时,终身教育论者保罗·郎格朗大声疾呼:"教育不再是一个人由初等、中等或大学等任何一个学校毕业之后就算完结了,而应该是通过人的一生持续进行!"终身学习思想倡导者、法国前总理埃德加·富尔也呼应道:"每个人必须终身不断地学习!"

"时时能学"及其学习时间观,更可具体解释为:学习不应再受特定时间的局限。受传统思维影响,学习往往被划定在儿童、青少年的时间范围。但在现今社会,学习必将超越这种局限,并延续到成年期乃至个体生命的终结。学习将真正实现"从摇篮到拐杖"的全程覆盖。人们在任何时间都能学习。如果说,"延续一生的学习"仍略显抽象,那就不妨把人的一生切割成无数具体的时间节点,这时便不难发现:人生中的每一次观察与行动、尝试与反思、阅读与欣赏、交谈与游乐、欣喜与痛苦,甚至是深夜的梦境时分……都能通过学习来完成衔接。

可见,对于每个人而言,只要有时间的存在,就当有学习的存在。可以坚信,人们的生活质量、生命意义就是在这点点滴滴的学习行为中得以不断改善、不断提升的。

（三）"处处可学"凸显了学习的空间观

"处处可学"，是指"到处、随处都可以进行学习"，这又体现了终身教育、终身学习思想对学习与空间之关系的基本主张，也就是在横向维度上对"终身"的含义有了非常直观的阐释。

老子曾说："道存在于万物之间"。显然，这意味着任何事物都值得人们去参悟和学习。约翰·杜威的"教育即生活"的理念也表明：若生活无处不在，则教育无处不在。而产生于当代的终身教育、终身学习思想倡导者指出："要将社会整个教育和培训的全部机构和渠道加以统合"，以使人们"在其生存的所有部门，都能够根据需要而方便地获得接受教育的机会"。

具体到当下的现实语境，"处处可学"及其学习空间观的含义则又可表述为：学习不应再受特定空间的限制。按照约定俗成的看法，学习与学校之间有着天然联系，而一旦走出校门，它似乎又变得可有可无。但在终身教育、终身学习的实践追求中，学习终将突破学校的"围墙"，回归到人类社会的广阔舞台，并向人们生活的每一寸空间全面渗透。人们在任何空间都可进行学习。也就是说，学习可以存在、发生于与日常生活密切相关的诸多具体空间，如家庭、社区、企业、机关、公园、博物馆、图书馆，乃至田间地头……若对此"生活处处皆学习"再继续加以引申的话，显然还可以得到一个非常重要的启示，那就是：学习必须超越"教材""记忆"与"考试"等的传统范畴，转而指向丰富多彩的现实生活。

总之，"人人皆学、时时能学、处处可学"，因其特有的中国语言习惯和文化风格，尽显鲜明的本土意义与原创价值；因其对学习主体以及时空概念的融合，彰显了多维的理论诉求；因其广泛的认知度与知晓度，为学习型社会的创建打下了坚实可靠的实践基础；又因其点到为止的风范，为我们指导相关实践的个性化与多元化发展提供了广阔的想象与探索空间。

三、教学模式

本书经过大量的座谈访问和问卷调研，提出了适合国家开放大学（成都分部）的教育教学模式，即为基于线上与线下相融合的课堂教学与考核的"混合教学模式"，如图 2-3 所示。

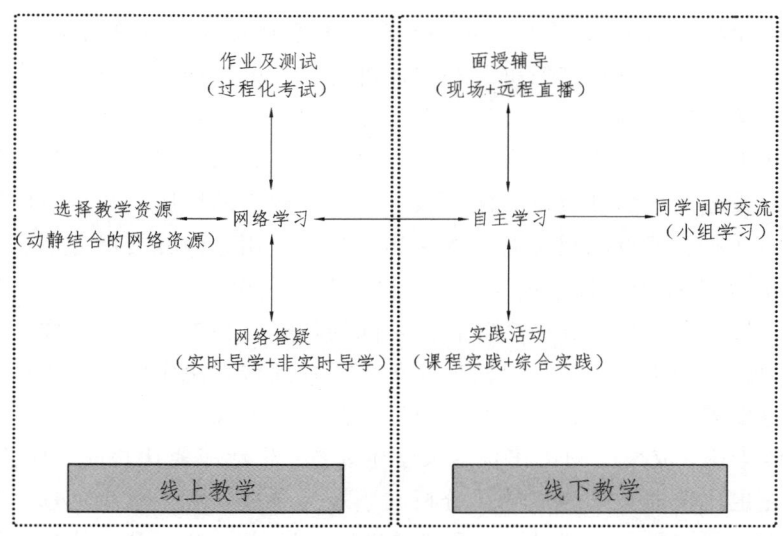

图 2-3 基于线上与线下相融合的课堂教学与考核的"混合教学模式"

（一）线下教学

1. 自主学习

自主学习目前已受到教育界的普遍关注，对于推崇现代教育理念的国家开放大学的远程开放教育来说尤为重要。提升国家开放大学开放教育的学生的自主学习能力，可以实现学习者从被动的受教育者向主动的自我教育者角色的转换，从而最大限度地调动学生的学习积极性、主动性、参与性和责任感，以适应全民终身学习型社会的要求。

自主学习是一种自觉的学习行为，重在培养学生的自我认知能力和自我调节能力，通俗地讲，就是解决"怎么学"的问题。国家开放大学开放教育由于其自身特点，赋予了开放教育形势下学生自主学习的特定内涵。

国家开放大学远程开放教育中自主学习是指学生在"互联网+"远程教育的大环境下，在教师和学习支持服务体系的帮助下，充分地利用网络及多种媒体技术，以自我选择、自我计划、自我反馈、自我评价的形式进行的一种学习过程。在这种学习中，学生可以合理地选择自己感兴趣的学习内容，全面地计划自己的学习时间，灵活地应用远程学习方法，客观地对学习过程进行反馈和评价。

2. 面授辅导

国家开放大学面授辅导教师可以采用现场或远程直播手段对开放教育学

生实施面授辅导教学，无论是现场面授辅导教学还是远程直播面授辅导教学，均需要教师对课程进行"精讲"和"透讲"。"精讲"和"透讲"是大学课堂教学中经常运用的两种授课方法。电大面授课与其他高校的课堂教学有许多共同点和不同点。这些共同点和不同点决定了电大面授课比普通的大学课堂教学更需要运用这两种授课方法。教师要根据课程的性质、知识点的特点及面授课的性质、特点和授课对象的差异，具体运用这两种授课方法。

1）电大面授辅导教学更需要"精讲"和"透讲"

电大教育有不少与其他高等教育不同的特点，如教学对象以成人为主、教学时间以业余为主、教学时数比较少等。这些特点决定电大面授课比其他高等教育更需要运用"精讲"和"透讲"的方法授课。

一般来说，成人的阅历比普通大学生要深，生活积累比普通大学生丰富，思维往往也比普通大学生成熟，分析问题较为老成。成人学生的这些特点决定了电大面授课既要"精讲"又要"透讲"。阅历深，生活积累丰富，思维广阔，就要求教师讲课的知识容量大，分析要透彻，论述要深刻，这就要透讲；思维成熟，善于抽象和概括，分析问题老成，又要求教师讲课准确、明了、善于归纳、概括，言简意赅，这就需要精讲。

电大教学时间主要以业余为主，教学课时不足，教师不能把教学内容充分展开、深刻阐述，由于是业余教育，面授时间比较集中，有时一门课连续几天讲完。这要求讲课要有较大的连贯性，使用串讲方法，这就只能是精讲。另一方面，讲课对象是成人学生，这些学生往往年龄偏大，理解书本理论知识比较困难。这样教师讲课就不能过于简单，要讲得透彻一些、深入一些，这就要透讲。

2）电大面授辅导教学"精讲"和"透讲"的方法

"精讲"和"透讲"在不同学科、不同课程、不同教学经历和不同知识积累的教师的使用上，会有不同的处理方法。

第一，根据课程的性质和授课时数确定"精讲"或"透讲"。一般说来，基础理论课和专业主干课所占的学分多，教学计划中所规定的面授课时数也就多，对这些课程就应多用"透讲"；而一些非基础理论课、非专业主干课所占的学分较少，教学计划中所规定的面授时数也就少，这就要多用"精讲"。面授课的时数确定后，在具体的教学安排上，可能会把某门课的面授时间集中安排在几天上，有的课程则分散安排面授时间，一般说来前者多用精讲，后者多用透讲。

第二，根据知识点的性质和特点确定"精讲"或"透讲"。任何课程的知识体系都是由许许多多的知识点构成的。在这些知识点中，有些比较重要，有些比较难理解。在各个章节中，有些章节知识点比较密集，这里就需要"透讲"；在非重点、非难点和非知识点密集的章节就需要"精讲"。

第三，根据授课的性质、特点决定"精讲"或"透讲"。电大的面授课从授课的性质或特点来说可分为新授课和复习课、展开课和串讲课、知识补遗课和答疑课等。很显然，新授课和展开课应该多用"透讲"，而复习课和串讲课应该多用"精讲"。至于知识补遗课和答疑课则应视内容而定，补遗和答疑的内容如果很重要或很难理解，当然要讲得透一些，使学生能掌握这些重点和难点，达到补遗和答疑的目的；而对那些不很重要，也好理解的内容，可以讲得简要一些，有的甚至可以不补遗。

第四，根据授课对象决定"精讲"与"透讲"。电大的教学对象大多是在职的学生，有普通和业余之分。在业余学生中，有年纪大小、经历多少、阅历深浅的差别。面对这些差异，就需要因人而异，采取不同的授课方法。普通类的电大学生，由于是全日制学习，授课的时间比较充裕，学生学得比较系统，学生的思维比较敏捷、开阔，就需要多一些透讲，多结合一些实际。业余类的电大学生，应该区别学生的年纪、身份、经历、阅历和职务。年纪大一些的学生阅历比较丰富，对问题的思考比较全面和成熟，因而可多用一些精讲的方法。比较年轻的成人学生，其中不少人是刚刚从学校毕业，和普通高校大学生没有绝对的鸿沟；另外有些是普通高校专科生和本科生，在走上工作岗位后，觉得自己的学历还不够，或从事的工作与在大学里学的专业不对口，因而来电大学习。这类成人学生，大多数想多掌握一些知识，学多一些、学深一些。这种情况下，上课就不能过于简单，而是要多用透讲，尽可能把问题讲得透彻一些。

以上这些只是电大面授课中运用透讲和精讲的一般性原则。在面授课中怎样具体运用这两种方法，需要教师在自己的教学实践中慢慢摸索，认真体会，才能够得心应手，相得益彰。

3. 实践活动

实践教学活动主要从课程实践和综合实践两个角度对国家开放大学开放教育学生进行职业技能和职业素养的锻造。

1）课程实践

本书在大量的课程实践教学活动体验基础上，总结出了基于线上与线下相融合的课程实践教学活动，主要从设计、模式、实施及其评估四个角度进行立体式地锻造国家开放大学开放教育学生的职业技能。

第一，课程实践教学设计生活化。教学内容来源于实际生活，又为实际生活服务。某些特定课程的生产或生活的实践性，揭示了课程教学内容与实际生产或生活的关系。重视特定课程与特定生活的联系，教学设计时如何注重从学生的生活经验和已有知识中学习和理解课程，培养学生的探索意识，使学生初步学会运用所学的专业知识和方法去解决一些简单的实际问题。国家开放大学（成都分部）开设的"市场营销学"课程在教学设计、组织实施、教学策略方面进行了有益的探索，取得了一定的课程实践教学效果。

第二，课程实践教学模式多元化。借助网络可打破课堂空间的局限，使课堂延伸至广阔的社会，实现课内与课外的沟通与融合。课程面授辅导教师寻求理论与实际结合的切入点，结合办学单位、学生的实际情况尝试源自生活、贴切生活的"课堂理论教学—现场实践教学—网上交流深化—课堂交流评析"的线上与线下、教室与现场互动的教学模式。

第三，课程实践教学效果过程化。当学习内容和学生熟悉的生活背景越接近，学生自觉接纳知识的程度就越高。生活是课程教学永不枯竭的源泉，现行教材中存在着大量的与学生的生活经验和现实生活相关的实际问题。教学中教师不仅要提供现实生活中的材料，创设接近学生生活实际的情境，从课程的视角观察认识现实生活，注重课程知识与实际的联系。让学生在观察、操作、猜测、交流、反思等活动中逐步体会知识的产生、形成与发展的过程，获得积极的情感体验，感受知识的力量，使学生学有所思，学有所用。让学生学会从生活中挖掘课程内容的源泉，在潜移默化的实践教学过程中提升学生的组织能力、沟通能力、领导能力、创新能力、学习能力、号召能力及适应能力等，全面培养符合我国经济、社会发展所需的高素质的应用型、复合型人才。

第四，课程实践教学评价多维化。课程实践教学的评价应该实行360°考评，评价主体实现多维化，包括学生评价、校内督导组评价、校外专家评价、行业企业评价等。

2）综合实践

社会实践和毕业论文（毕业作业）是国家开放大学（成都分部）综合实践教学的核心内容，是完成教学计划的重要教学环节。其目的是较全面、系统地对学生进行实践探索和理论总结的训练，对培养和考察学生分析问题、解决问题的能力，提高学生整体素质具有重要意义。

第一，线上与线下相融合的基地实践。为了有效地提升国家开放大学（成都分部）学生综合实践能力，学校将课堂搬进超市，搬进农场，搬进农家乐，搬进国航西南分公司客舱服务部，通过"课堂理论教学+现场体验教学+对话交流教学+线上延伸讨论教学+小组成果汇报分享"来全面激活学生的学习潜力，锻造学生的综合实践能力。

第二，线上与线下相融合的双创教育。根据中央关于大众创业、万众创新的精神和《成都市教育局关于落实杨伟同志在市政府办公厅<唐良智同志在全市创新创业工作现场会上的讲话>上批示的通知》（成府办〔2015〕3-2652号）的文件精神，秉承"先试点、后全面铺开"的工作原则，结合远程教育、成人教育和成都电大学生实际情况，成都电大将大学生创业教育、创新教育和在岗人员的职业素质教育纳入专业和课程的实践教育。

从2015年春季学期开始，文经类本（专）科专业的3学分的社会实践环节由双证教育课程"职业素质"置换，文经类专科专业的5学分毕业论文环节由双证教育课程"创业教育"置换。国家开放大学（成都分部）开设的"创业教育"课程和"职业素质"课程在线教学资源如图2-4和图2-5所示。

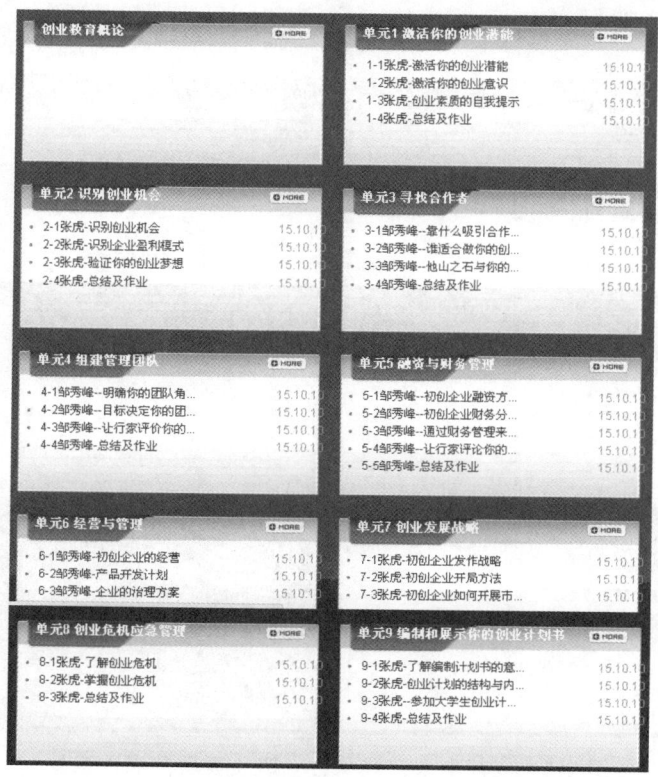

图2-4 成都电大在线平台"创业教育"课程资源

职业素质概论	第一章 职业认知与职业素养
	第一节 认识你面临的职业（1） 15.10.13 第一节 认识你面临的职业（2） 15.10.13 第二节 职业匹配的关键要素（1） 15.10.13 第二节 职业匹配的关键要素（2） 15.10.13 第二节 职业匹配的关键要素（3） 15.10.13
第二章 科学择业与就业	第三章 岗位工作与岗位素质
第一节 影响择业的因素（1） 15.10.14 第一节 影响择业的因素（2） 15.10.14 第一节 影响择业的因素（3） 15.10.14 第一节 影响择业的因素（4） 15.10.14 第二节 择业的基本方法与技巧（1... 15.10.14	第一节 岗位构成要素（1） 15.10.15 第一节 岗位构成要素（2） 15.10.15 第一节 岗位构成要素（3） 15.10.15 第一节 岗位构成要素（4） 15.10.15 第一节 岗位构成要素（5） 15.10.15
第四章 组织结构与组织文化	第五章 社会与社会交往素质
第一节 岗位构成要素（1） 15.10.15 第一节 组织的构成及其架构（2） 15.10.15 第一节 组织的构成及其架构（3） 15.10.15 第一节 组织的构成及其架构（4） 15.10.15 第一节 组织的构成及其架构（5） 15.10.15	第一节 社会的构成要素与交往素质... 15.10.15 第一节 社会的构成要素与交往素质... 15.10.15 第一节 社会的构成要素与交往素质... 15.10.15 第一节 社会的构成要素与交往素质... 15.10.15 第二节 社会交往的类型与特征（1... 15.10.15
第六章 团队与团队素养的提升	第七章 自主发展与自我管理素质
第一节 认识团队（1） 15.10.27 第一节 认识团队（2） 15.10.27 第一节 认识团队（3） 15.10.27 第一节 认识团队（4） 15.10.27 第一节 认识团队（5） 15.10.27	自主发展与自我管理素质概述 15.10.27 第一节 梳理自主发展意识（1） 15.10.27 第一节 梳理自主发展意识（2） 15.10.27 第二节 学会自我管理（1） 15.10.27 第二节 学会自我管理（2） 15.10.27
第八章 职场与职场典范	第九章 竞争与创新素养
第1节 职场认知（1） 15.10.27 第1节 职场认知（2） 15.10.27 第1节 职场认知（3） 15.10.27 第1节 职场认知（4） 15.10.27 第1节 职场认知（5） 15.10.27	第一节 认识竞争（1） 15.10.2 第一节 认识竞争（2） 15.10.2 第二节 应对竞争（1） 15.10.2 第二节 应对竞争（2） 15.10.2 第二节 应对竞争（3） 15.10.2
第十章 终身职业学习与职业素养的提升	
第一节 终身学习是提高职业素养的... 15.10.27 第一节 终身学习是提高职业素养的... 15.10.27 第一节 终身学习是提高职业素养的... 15.10.27 第二节 职业素养是终身职业学习的... 15.10.27 第二节 职业素养是终身职业学习的... 15.10.27	

图 2-5　成都电大在线平台"职业素质"课程资源

2015年11月19日,"国家开放大学(成都)教学实践基地"揭牌仪式在成都四季青现代农业科技发展有限公司(以下简称四季青公司)举行。国家开放大学(成都分部)副校长张熠策、国家开放大学(成都分部)双流学习中心校长张贤静、四季青公司董事长罗艺、四季青公司总经理王俊杰出席了揭牌仪式。国家开放大学(成都分部)直属城区学院及双流学习中心教职员工共计30余人参加揭牌仪式。

"国家开放大学(成都)教学实践基地"的创立旨在从身边的"大众创业、万众创新"的真实环境和典型案例中培养大学生的劳动素养、科学素养、创业素养、创新素养,探索和创新实践教学的新路径,为学生提供撰写创业报告的现实环境。学校与四季青公司签订协议,将其作为国家开放大学(成都)的实践教学、劳动教育、素质教育的基地。该基地主要从事有机芽苗菜的研发、生产、营销,现已面向社会推出30多种有机芽苗菜。学校定期组织"一村一"专业及文经类专业学生前往该有机芽苗菜基地参加教学实践活动,通过深入基地,采取听介绍、看现场、亲体验的方式,感悟基地的创业历程和创业卖点,确定撰写创业报告的选题及实操方案。

我们践行"实践第一、能力第一、动手第一"的创业培养理念,通过"讲给学生听,做给学生看,带着学生干"的创业培养路径来全面锻造符合成都地方经济社会发展的有用之才。

第三,线上与线下相融合的指导与答辩。国家开放大学(成都分部)各本科(专科)专业学生的毕业论文指导与答辩根据学生的工作、生活状态均采用现场与远程相结合的手段进行毕业论文的指导与答辩工作。

4. 小组学习

电大远程开放教育通常采用小组管理的模式,期望能通过小组协作学习来提高整个班级的学习效果,该管理及教学方法的提出已经有较长的一段时间。此构想虽然很好,但是在实际应用中并没有取得理想的效果,原因可能是多方面的。国家开放大学(成都分部)教学第一线的教师们,不断在多门课程的教学过程中摸索适应电大远程教育特点和需求的小组协作学习,虽然取得了一定的教学效果,但是如果能在应用中更加切实发挥小组的功能,潜在效果提升的空间其实还很大。结合目前电大教育的实际情况,小组协作学习必须通过学生、课程教师、班主任和管理部门四方面共同努力,才能找到发挥最好效果的形式与方向。

1）有效激发学生的自主性才是根本

目前很多教学中的小组协作学习存在的最大问题是流于形式，学生参与不主动。由于电大的学员具有特殊性，他们绝大部分都是在职的学员，有工作与家庭，在时间的分配方面也异于全日制的学生，如果在实行的过程中不注意监管就很容易使得小组协作学习发挥不了应有的效果。另外，由于学生不同的性格、家庭背景、工作环境及情感体验，很多时候只有部分的学生能积极参与，部分学生不能很好地与别人交流，胆怯、羞涩或以旁观者的身份自居，使协作学习流于形式。因此，为了使得小组协作学习真正发挥实效性，提高学生对小组协作学习的正确认识，有效发挥学生的自主性才是根本。

第一，教师要转变教学观念。传统满堂灌的教学组织形式，学生始终处于被动的位置，虽然它以其特有的集体教学的优点以及较强的组织性与计划性，保证了教学任务的完成，但由于它是以所有学生发展均一致为前提假设，对所有学生施以千篇一律的教育，不能很好地处理教师与学生、理论与实践的关系，导致教学动力匮乏。电大成年在职学员有着不同于适龄学生的特殊的学习能力，他们具备一定工作经验与实践能力，对学习过程也有着不同的需求，使得传统教学观念存在的弊端在远程开放教育中显得更为突出。电大的培养目标和培养规格要求学生知识、能力、素质协调发展，面对成人学习者多样化的学习需求，成人教育工作者必须提供丰富多彩的教学内容和先进的教学方法，在课程设置、课程内容的选择上应致力于探索最有价值的知识，使成人学习者能学以致用。因此教师必须转变教学观念，变主动为被动，进一步改革教学内容，改进教学方法和教学手段，激发学生学习的自主性，发挥教师导学导修的作用，尽可能地满足成人学习者的学习需求。

第二，构建良好的合作学习环境。小组协作学习关键是要发挥学生的主动性，而良好的合作学习环境能够激发学生的学习自主性。首先，要创造良好的时空环境，充分调动学员学习的积极性，给足学生讨论、交流的时空，让不同程度的学生有发挥的空间，结合电大学生特点，合适的时空环境应该包括课堂和课外的时间，现实与网络的空间。其次，要建立热情的帮扶环境，考虑到学生能力之间存在的差异，应该在小组成员之间形成互相帮助的学习环境，在部分学生遇到困难时，能够给予一定的启示，而不至于让他们束手无策，从而降低学习的主动性。最后，要形成有效的激励环境，教师要有意识地给他们多创造一些表现的机会，以激发他们自主学习的热情，为小组协作学习创造条件。

第三，培养良好的自主学习习惯。自主学习是相对于被动学习的一种现代化学习方式，它以学生作为学习的主体，通过学生的分析、探索、实践、质疑、创造等方法实现学习目标。其核心在于发挥学习主体的主动精神，有计划、有步骤地去探求知识，去研究问题、解决问题，并力争有所发现、有所创造。培养学生良好的自主学习习惯，让学生参与到教学中是小组协作学习得以有效进行所必不可少的。我们要不断培养学生三种能力，即个别化的自学能力、学习小组中的互学能力和选择支持服务的网络学习能力。教师要以学生为主体，强调学习主体的自觉意识和能动作用，在教师的指导和辅导下进行自学，获得知识，发展能力。

2）课程教师要担负管理和调控的职责

在电大远程教育环境下，小组协作学习不仅仅在课堂教学中应用，更应该扩充推广到学员课堂外的自主学习中。但是在实际操作中，许多教师可能没有把小组协作学习用到实处，只局限于在形式上的模仿，从而导致了小组协作学习的无效性或低效性。要解决这一问题，就必须重视教师的作用，其实协作学习的成功与否，同教师的引导和参与是分不开的，教师不是清闲的，而是担负起了更大的管理和调控职责，为学生提供及时有效的指导。

第一，利用小组协作学习提高面授课的教学效果。小组协作学习对于不同的课程有不同的应用，不能完全套用一个模式。比如说教师适当安排讨论或习题在小组间进行，可以加强小组之间的讨论、争辩或竞赛。这样不但可以加大学员的小组凝聚力，也可以提高学生的兴趣，从而提高教学效果。

第二，利用小组协作学习提高到课率。在班主任对班级进行分组管理的基础上，上课适当布置小组任务或作业，可以加强组员的联系，加大信息分享。由小组长（特别是到课率高的学员）通知和组织组员，从小组开始提高到课率，互相影响，从而提高整个班级的到课率。

第三，利用小组协作学习提高网络资源的利用率。在考虑提高教学质量的问题上，必须以学员的自主性还是比较差为前提进行考虑，在现阶段虽然电大远程教育的教师都提供丰富的网络教学资源，但是利用并不算十分理想。但是网络资源对于电大远程教育的学员进行自主学习是非常重要的。因此，教师必须要让学生了解到网络教学资源的重要性，再引导他们自己去收集资源，从而提高他们学习的自主性。在这个过程中，课程教师除了对学员进行集体引导外，还应该重视对小组长的指导并通过其影响提高小组内部成员的重视。

第四，利用小组协作学习提高学员课外的自主学习。目前电大部分课程存在相当一部分学生很少参与面授课的情况，而且根本不阅读教材，自主学习的意识比较差。在这种情况下要提高整体的教学质量和教学效果，教师可以提供课程的重难点内容并归集要点，让学生进行小组阅读讨论，并且让他们完成相关的问题，从而保证他们的学习，提高学习效率，同时也可以作为学员的复习资料，多方面提高教学效果。

3）班主任的协助工作为小组协作学习奠定基础

目前，电大部分班主任在进行班级管理的过程中，都对班级进行分组，并且任命小组长进行负责，为小组协作学习打下了很好的基础。但是，在这个过程中有几个方面的工作还存在完善的空间。

第一，修正分组存在的随意性。班主任在接手一个新的班级时，对整个班级的学员并不了解，只是根据学生名单对人员进行简单的划分，并不能够真正发挥小组合作学习的功能。因此，在可能的条件下，没有必要遵循以往的模式即在接手班级的时候马上分组。我们所提出的小组协作学习是作为一种教学理论、改革与方略，这样的分组并不符合我们的要求，也达不到我们通过小组提高教学质量的要求。如果各门课程的教师在每门课程进行小组合作学习时都进行重新分组，只会引起学生的混乱。科学的分组原则有利于小组合作学习的顺利开展，班主任应该充分分析本专业的学科情况，在组建学习小组的过程中，充分考虑其中的有利因素和不利因素，对学员的年龄、性别、职业、住所等各方面都要加以考虑。因此，虽然班主任的工作千头万绪，但了解和研究学员入学后的工作和生活情况，是班主任工作的出发点，也是组建学习小组的前提和基础。由于电大远程开放教育是面对社会招生，成人学员情况复杂，工学矛盾突出的问题严重，且入学前的文化知识水平差异较大，这就要求班主任必须全面深入地了解班级学员的整体情况和每个学员的基本情况，根据实际问题，明确小组协作学习的目标，制订适合本专业本班级的具体活动措施，选拔小组协作学习活动的负责人，按要求为全部学员编排合适的学习小组。总而言之，班主任应该在尽可能地对学生情况了解的基础上，根据各类成员的共性与联系进行分组并且跟踪，适当调整。

第二，合理选任小组长。班主任在进行分组的过程中一般都会安排小组长，由于互动性和交往性是协作学习的内涵所在，小组长担负着联络指导老师和召集、督促、检查小组成员的任务，同时还起着小组内协调、疏通的作用。但是，目前我们在进行班级管理和教学过程中都发现，小组长的选任没有得到足够重视，人员一旦定下来，即使在之后的工作中发现其并不能很好地发挥作用，除非自己辞任，否则一般很少更改。实际上，小组办作学习中小组长的位置是非常重要的，在远程开放教育的学习中，学习小组的小组长是班主任的得力助手，也是形成协作小组的核心力量，班主任正是通过小组长团结和组织小组成员实现学习目标，巩固并使小组活动健康发展。因此，小组长的挑选对小组的组建是至关重要的。班主任遵循的原则是择优考虑选拔出一名组织能力强、专业文化程度较好、具备领导力的学员作为组长，并且要求这名学员对网上学习有一定的经验，能够在小组协作学习中起到带动、示范和技能指导的作用，并能够有效地配合教师的工作，性格开朗、责任心强，积极组织小组成员进行自主学习和合作学习。同时课程教师与班主任都应该关注，选任之后对不符合该位置的学员在适当的时候进行调整。

第三，组织和参与小组活动。我们一直都在强调提升班级的凝聚力，通过各种班级活动来加强学员间的联系，但是在一些人数比较多的班级，虽然开展班级活动十分必要，但同时也可以组织小组活动，这样有利于更好地沟通与彼此熟悉，为小组协作学习提供基础，通过这种小组的提升达到整个班级的提升。班主任还应尽可能多地参加学习小组的活动，积极听取学员们的反馈意见，将学员在小组协作学习中遇到的困难及时向学校反映，并经常性地与课程教师沟通学员在自主学习和协作学习中不能解决的学科疑难问题，以便任课教师在面授辅导时及时进行学习指导。班主任参与小组活动的同时也可以指导和促进学员的网上学习，并根据实际情况引导学员调整活动方式或补充活动内容。

第四，重视以小组为单元帮扶学业落后的学员。目前，有关统计表明，电大各个专业都有部分的学员不能按时毕业，也就是说相当一部分学员都存在重修、重考的问题。而出现这种情况的时候，学员自身可能比较迷茫，如果不能很好地解决这个问题，就会导致这些学生逐渐流失。通过以小组为单元帮扶成绩落后的学员，能够给他们找到方向及归属感，相应也能带来其他一些良好的连锁效应。

4）管理部门的教学支持服务不可缺少

学校管理部门其实也是小组协作学习的策划者、创建者、引导者和评价者，为了保证小组活动的正常开展，管理部门应以现代教育理论为指导，结合本地区的实际办学情况，配合教师研究符合实际的教学模式和管理模式，探索出符合现代远程教育的学习规律。在此基础上，提出加强小组活动管理的指导性意见，其中包括对小组合作学习活动原则性、规范性制度的制定，对责任教师的培训和对小组活动情况的记录表及检查表的设计和准备，并随时提供能够帮助学员解决合作学习中出现的各种问题的支持服务。其中尤为重要的是了解学生的学习环境和条件，给相关教师提供足够的资料与信息，探索适合各专业、各类别小组合作学习的最佳模式。

第一，新生"入学指南"的引导必不可少。新生进入全新的学习环境，面对业余学习的压力，必然会产生一种求助、合作的心理势能，入学之初的《国家开放大学学习指南》教育作为学员对开放教育初步了解的桥梁，其具体实施的效果在一定程度上会影响他们往后的学习。利用这个机会，由有关的专业人员向全体新学员分析、讲解小组协作学习的重要性，并指导小组协作学习的方法，对往后小组协作学习的具体开展有很大的帮助，当然在操作的过程中也可以把这种指导工作交给班主任，分班小范围地进行效果会更好。

第二，过程的监控是切实开展小组合作学习的保证。教务部门可以通过提供"本学期学习计划""小组协作学习计划""小组活动记录表"等形式，定期与教师做好活动开展的准备工作，在条件允许的情况下，也可以协助课程教师对小组学习进行考核，纳入平时成绩的范围。而对于课外开展的小组协作学习与讨论，则可以利用网络的支持服务来给学员提供平台，同时进行同步监控，这样也利于管理部门真实了解小组合作学习开展的实际情况。

第三，检查是查找问题，完善小组协作学习的手段。管理部门的检查内容，可以包括小组协作学习活动的计划、小组成员个人的自主学习记录和完成作业情况；也可以根据实际情况，在每个学期每个专业着重抓好一至两个小组的活动进行督导检查，以点带面，逐项检查每一次小组学习活动实施的情况，提高实际工作效率，及时发现问题、解决问题，对存在的问题进行研究和总结，以便进一步促进整体的小组协作学习活动。

（二）线上教学

1. 网络学习

本书以"全域成都"范围内的办学单位作为研究的实验样本，在大量的走访、座谈及实地调研的过程之中，国家开放大学（成都分部）各办学单位在网络学习及其网络交互上做出了积极探索，并取得良好的成绩。

国家开放大学（成都分部）各办学单位根据学校"加强内涵建设、提升教学质量"的要求，大力推进学生网上学习活动的开展。各办学单位每学期有组织地参加或主持网上实时导学不低于 20 场。并严格落实学校省开课程改革的要求：要求和组织学生参与课程在线学习时间不低于 60 分钟，资源点击不低于 30 次，课程论坛交流不低于 1 次。

在网上教与学活动的开展中，国家开放大学（成都分部）各办学单位配合校部专兼职教师和面授授课教师积极探索网上教学的实用性、针对性和有效性，推出了"专题导学""课后专题答疑""结合课程面授辅导的线上再讨论"等网上教学活动，充分显现出线上线下相融合，课内课外相结合的教学形式的生命力，激活了网上教学活动的活力，受到了同学们的普遍欢迎。

国家开放大学（成都分部）各办学单位坚持电大办学特色，注重对远程教学平台的利用，倡导师生关注统设必修课程网上教学活动，及时下载网上动态信息，并通知相关教师和学员，适时参加网上教学活动。各办学单位吸引学员进行网络学习的举措多元化，真可谓"百花齐放、百家争鸣"。

崇州分校制定了加强网上教学的激励措施和技能培训方案，有效地组织教师和学生，充分利用网络的交互功能和优质资源，开展网上教学、网上答疑、互动交流和小组讨论等活动。截止到 2015 年 12 月底，该校学生在各级电大远程教学平台进行实名注册已达 3 000 人次。师生参与课程论坛活动的人次，有了较大幅度的提高。据不完全统计，仅 2015 年 9—12 月间，学校师生在"成都电大在线"课程论坛上发帖，已达 2 236 条。对网上教学资源的总浏览数，已达 922 526 人次，占成都电大在线总访问量的 5.89%。

西越教学点在网上教学方面，明确要求学生网上学习时间每月不得低于 2 小时，若某学生网上学习时间低于了 0.5 小时，则该生的形成性考核中的网上学习成绩为零。网上点击次数每月不得低于 15 次。每月在电大平台、网上发 1 个以上有效贴。网上交互学习活动。学生要积极参加网上课程讨论、答疑、网上小组活动。2015 年秋季学期共组织 15 次成都电大平台网上学习讨论，电大平台月访问量达近万次。

龙泉分校将网上教学贯穿于《课程辅导教师职责》和《教学规程》中，增加了如下规定：① 学期初须将课程教学一体化设计方案、导学信息挂上分校平台，教会学生网上注册，训练学生在网络环境下的学习、自我检测和评价的技能；② 学期中须不间断地更新网上课程学习资源，结合课程学习内容组织网上讨论，及时解答学生网上提问和疑难，认真参加省级电大的网上会议和教研活动；③ 学期末须将形成性作业指导或参考答案、课程复习指导或模拟测试题目等挂上分校平台；④ 专业辅导教师须认真组织所管理专业的学员完成：三级平台实名注册，每门课程网上学习时间不得少于120分钟，网上学习提问、讨论和发帖不少于5次等规定任务。通过上述措施，可以保障教师网上导学和学生网上学习活动开展正常。

青羊分校根据远程教育特点，结合每个学员的具体情况，不断加强对学员网络学习的指导和督促，这项工作现已成为学校班主任的主要工作之一。截止2015年，教师与学生的往来信息（QQ、飞信等）多达约40 000条，组建网络学习小组4个，网络学习率超70%，有效地促进了师生的沟通交流和学习指导。

此外，各办学单位还采取了其他一些促进网络教学的措施。如为方便学生学习咨询，学校开通了电话答疑，建立了课程辅导教师和专业辅导员的专用QQ信箱。向学生公布辅导教师电话、E-mail、QQ号码，随时向学生提供学习方法、学习内容、学习心理等方面的咨询和指导。为满足师生上网查找资料和自主学习的需求，崇州分校还全面开通了校园WIFI，让每一位师生，一进入校园，即能实现电脑、手机等与互联网的无缝对接，及时获得自己需要的资料和信息。

国家开放大学（成都分部）从2012年开始大面积推行省开课程考试改革以来，根据第三方CNZZ的数据统计结果，成都电大在线教学平台的年度访问情况如表2-1所示。

表2-1 成都电大在线教学平台年度访问数据表

统计年度	浏览次数（PV）	独立访客（UV）	IP	新独立访客	访问次数	人均浏览页数	平均访问深度
2012	9 249 685	449 472	345 385	147 698	—	20.58	—
2013	16 519 642	957 170	660 491	453 993	—	17.26	—
2014	21 556 623	678 648	609 646	272 620	2 399 351	31.76	8.98
2015	16 745 188	583 310	515 521	207 160	2 010 355	28.71	8.33

从近四年成都电大在线教学平台的访问情况来看，2013年度成都电大在线教学平台独立访客突破95万次，独立IP突破66万个；2014年度成都电大在线教学平台浏览次数突破2 100万次，访问次数突破230万次，人均浏览页数突破31页，平均访问深度接近9；2015年度成都电大在线教学平台浏

览次数突破 1 600 万次，访问次数突破 200 万次，人均浏览页数突破 28 页，平均访问深度超过 8 页。由此可见，近四年来"全域成都"范围内的电大开放教育学员的网络学习达到新的高峰。

国家开放大学（成都分部）各办学单位的学员在成都电大在线教学平台上的网络学习行为成绩喜人，2015 年各办学单位学员访问成都电大在线教学平台的前 20 名单位如表 2-2 所示。

表 2-2　2015 年办学单位学员浏览次数前 20 名单位

序号	办学单位	浏览次数	占比
1	直属学院一	2 247 519	18.45
2	彭州分校	1 098 256	9.01
3	青年职业学校	864 146	7.09
4	崇州分校	819 258	6.72
5	都江堰分校	753 421	6.18
6	信息管理学校	585 351	4.8
7	直属郭家桥	472 969	3.88
8	直属城东	442 623	3.63
9	龙泉本部	442 567	3.63
10	青羊分校	423 354	3.47
11	新津分校	407 490	3.34
12	新都分校	332 236	2.73
13	直属城中	315 688	2.59
14	双流分校	264 068	2.17
15	成都市建设学校	251 893	2.07
16	金堂分校	244 702	2.01
17	成都电大直属学院大邑分校教学点	219 460	1.8
18	温江分校	208 563	1.71
19	城西	192 808	1.58
20	成都市市政工程城建培训中心教学点	170 364	1.4

2. 网络答疑（实时导学+非实时导学）

1）网上导学的相关规定

网上教学活动是指通过电大在线的课程资源、论坛交流、双向视频、微博、QQ（群）、微信等载体实施的实时教学和非实时教学活动。

成都电大《网上教学和教学研究实施办法》明确对网上导学分为网上非实时导学和网上实时导学进行了相关规范。如实时教学活动是指教师和学生在规定的时间内同时在线通过载体开展教与学的活动；非实时教学是指教师和学生不同时在线，任何时间都可在教学平台课程论坛上发帖、留言和答疑，开展积极的学习支持与服务。再如网上非实时导学的途径主要是利用课程论坛开展文字类的答疑，包括回帖、教学策略、整理公布、核心团队建设、值机答疑等方面。网上实时导学的绩效是从安排、形式、场次、计划、准备、实施、总结等方面评价其有效交流、开放交流和集体合作。还如定期公布有关导学的相关统计数据，对网上实时导学成效明显的定期评奖等。教师网上实时（非实时）导学相关奖励办法如图2-6～2-8所示。

一、评选奖项及奖励办法

1、评选奖项

（1）网上资源建设奖：5名

参评对象：开放教育各层次、各专业课程平台

（2）论坛运营奖

基于发帖总量的奖项：一等奖2名，二等3名，三等8名

基于课程论坛策略与创新的奖项：10名。

参评对象：开放教育各层次、各专业课程

（3）教师实时导学组织奖：5名。

参评对象：开放教育各层次、各专业课程

图 2-6 评选奖项及奖励办法

3、实时导学组织奖

（1）基本条件：

基本条件一：每学期有实时导学次数符合规定。统设课不低于2次，自开课不低于3次。占10%。

基本条件二：按照导学安排准时进行每场导学活动。以教师首帖时间作为准时与否的标准凡首帖时间在导学开始的10分钟内视为准时。占5%。

（2）创新条件

创新条件一：教师组织工作得力。教师是否通过联系办学单位、课堂、QQ群、电话等多种途径组织、引导、指导学生参加网上教学活动。占20%。

创新条件二：实时导学主题紧扣课程教学内容。10%

创新条件三：学生参与度。学生参与人数平均每场不低于10个。20%

创新条件四：讨论活跃度。学生网上发帖、跟帖多，平均每场实时导学时间内，学生发帖不低于30个，教师回帖不低于30个。25%

创新条件五：形成了可推广的典型案例材料。10%

图 2-7 实时导学组织奖评选办法

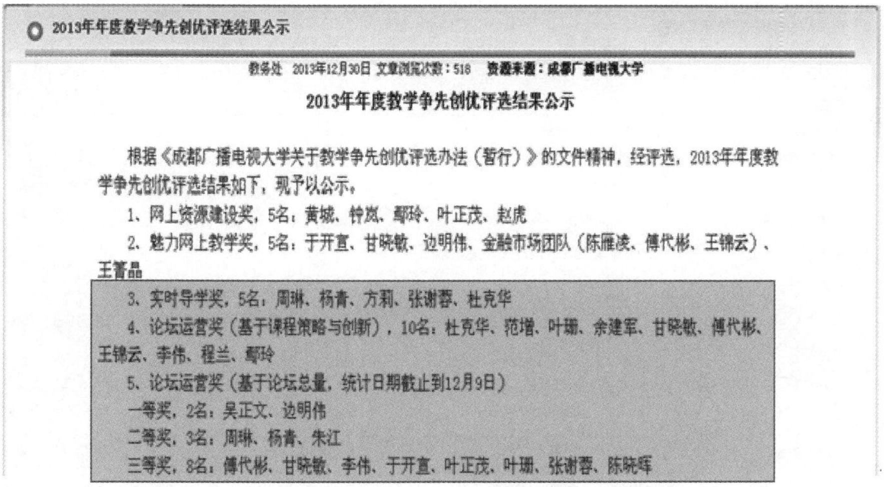

图 2-8 2013 年年度教学争先创优评选结果

2）网上实时教学活动的组织和实施情况

关于如何组织和实施网上实时教学活动，成都电大已经构建了一套行之有效的组织和管理构架，具体内容如下：

一是，学校教务处负责统筹（包括实时教学活动的专业与课程规划、实时导学安排上网、办学单位选择场次汇总与上网等）和创新引导、推广、导学效果的评价等。

二是，教学部负责实时导学主题的设计、导学月度分布时间分布规划具体方案的制订、实时导学的实施等。

三是，办学单位主要是响应实时导学，组织安排学生参加活动并跟踪办学单位学生参加情况。

四是，加大对网上实时导学的有效性管理。如自 2014 年秋季学期选择部分课程在实时讨论前上载有关讨论的背景资料（文档或链接），确保学生在讨论前掌握讨论的相关内容（见图 2-9）。

2014 年，学校共安排超过 500 场次的实时教学活动（其中，春季学期 288 场，秋季学期 298 场）。实时导学在校部、办学单位的有力组织下，参与度和活跃度均较高。2014 年春季学期共有 4 512 人次参加在线讨论，学生交流帖 11 959 帖，教师交流帖 8 971 帖。截至当年 11 月 10 日，秋季学期已经实施了 238 场实时导学，参加学生数 1 454 人次，学生交流帖 3 730 帖，教师交流帖 5 173 帖。

网上互动(中央) 网上互动(成都) 城区课表 教学研讨 直（录）播课堂 电视课堂 教学创新活动 MORE

互动课程	互动主题	主持老师	互动时间	课件资料
高等数学基础	第二次数学危机	于开宣	2014-11-27 09:30- 10:30	无
当代中国政治制度	我国公务员法简析	吴梅	2014-11-27 19:00- 20:00	无
电算化会计	总账操作	明勇	2014-11-22 09:00- 10:00	查看
面向对象程序设计	函数的使用	明勇	2014-11-22 11:00- 12:00	下载
社会调查研究与方法	调查报告的写作方法及注意事项	吴梅	2014-11-23 19:00- 20:00	无
刑法学(2)	期末复习	陈后胜	2014-11-24 19:00- 20:00	无

	19:00--20:00	郭明全	计算机应用技术基础	家庭网络的连接与设置	还没开始	下载
14年11月23日[日]	19:00--20:00	吴梅	社会调查研究与方法	调查报告的写作方法及注意事项	还没开始	无
14年11月22日[六]	11:00--12:00	明勇	面向对象程序设计	函数的使用	导学记录	下载
	09:00--10:00	明勇	电算化会计	总账操作	导学记录	查看
14年11月21日[五]	21:00--22:00	边明伟	市场营销学	趣味营销之先有鸡还是先有蛋?	导学记录	下载
	17:00--18:00	郑渠	数据库基础与应用	课程重难疑点问题解答	导学记录	无
	14:00--15:00	李伟	建筑工程项目招投标与合同管理	期末复习	导学记录	无
14年11月20日[四]	20:00--21:00	范增	国学经典选读	孔子与孟子	导学记录	无
	19:30--20:30	黄大方	高级财务会计	未确认融资费用的理解	导学记录	查看
	17:00--18:00	谢杭航	人文社会科学基础	马克思主义哲学的发展	导学记录	无
14年11月18日[二]	20:00--21:00	叶正茂	教育社会学	期末复习	导学记录	无
	20:00--21:00	杨帆	计算机网络安全技术	有关数据加密的技术问题	导学记录	无
	19:30--20:30	王锦云	国际企业管理	中国企业国际化发展的思考	导学记录	下载
14年11月17日[一]	20:00--21:00	叶正茂	人类发展与环境保护	环境伦理道德	导学记录	无
	19:30--20:30	程翔	婚姻家庭法学	未婚同居财产的分割问题	导学记录	无
	19:00--20:00	朱江	公共管理学	期末复习	导学记录	下载

图 2-9　明确讨论主题，教师提前上载网上实时导学背景资料

2015 年全年安排实时导学 510 场，涉及课程 193 门，平均每门课程 2.65 场。参与学生 3 939 人次，学生发帖 7 565 帖，学生回复帖 1 594 帖，教师发帖 3 741 帖，教师回帖 6 516 帖。师生总计发回帖 19 416 帖。春季学期：超过 100 人次的课程达 3 门，50～100 人次的课程有 12 门；秋季学期：超过 100 人次的课程达 4 门，50～100 人次的课程有 6 门。全年共安排在线直播 220 场，其中，课程直播 166 场次、毕业论文远程答辩 37 场次、在线培训 17 场次，涉及课程 70 门、参与师生 3 237 人次。

2015 年全体教师在线时间 107 057 分钟，折合 1 784 小时，登录次数 10 880 次。其中，责任教师 57 人，新发布资源 6 793 篇，仅这些新发布资源就被浏

览 813 857 次，教师发帖 2 482 帖，被回复 11 684 次，被浏览 51 782 次，回复帖子 83 242 帖。

2015 年秋季学期，有论坛发言的课程 573 门，帖子总数 76 465 帖，发帖用户 31 652 人次，回复率超过 70%的课程 77 门，回复率超过 50%的课程 125 门。其中，论坛帖子总数超过 100 帖的课程 148 门，帖子总数 67 845 帖，置顶 67 个，精华 25 个。

3）网上日常辅导答疑情况

主要从回复时间、回复质量、提高学生参与度、论坛氛围营造等方面加强管理监督和触点创新。结合实际情况，我们要求教师回复时间不超过五个工作日，教师每周五上午为值机答疑时间，除现场解答学生问题外，最迟需于此时间将上周五下午至本周五上午的提问帖进行集中回复。就总体分析，学校专职和兼职教师管理课程的网上日常辅导答疑情况良好，回复时间、回复率、回复质量均符合学校有关规定和要求。大部分课程还对普适性、提问多的问题采取了置顶和置精的策略。同时，部分课程还从组建答疑团队、拓展策略、论坛创新等视角进行了有益的探索。

4）实时教学与日常答疑的融合

成都电大一直关注网上教学与日常答疑的融合并致力于创新，营造适宜学生学习的论坛文化。一是，在电大在线主页有专门的论坛发帖规范等提示；二是，通过网上互动造势营造良好论坛氛围；三是，丰富论坛互动的形式；四是，寻求实时与非实时互动的结合。

2014 年和 2015 年，直属学院积极组织学生参加网上实时导学，取得了良好的效果。实时导学场次如表 2-3 所示。学生参加网上实时导学如图 2-10 所示。

表 2-3　成都电大直属城区学院积极组织学生参与实时导学情况

	城东学院	城南学院	城中学院	城西学院
2014 年实时导学场次/（次）	60	120	50	55
2015 年实时导学场次/（次）	80	150	70	65

标题	内容长度	作者	发帖时间	回复/人气	最新更新/回复人
魏老师，我觉得会计分录有点难，有时候要弄混科目名称...	0字符	陈梦	2014-04-15 10:28	0/3	2014-04-15 10:28/
城中学生陈梦报到！来晚了，不好意思	0字符	陈梦	2014-04-15 10:26	0/3	2014-04-15 10:26/
请问老师，基础会计是学好会计其他专业课的入门课，要...	0字符	彭佳玥	2014-04-15 10:24	0/3	2014-04-15 10:24/
直属城中学生签到	0字符	彭佳玥	2014-04-15 10:23	0/4	2014-04-15 10:23/
城中王晓辰报到	12字符	王晓辰	2014-04-15 10:22	0/3	2014-04-15 10:22/
魏老师，我觉得要学好基础会计必须要掌握会计恒等式的...	0字符	张凤翔	2014-04-15 10:21	0/6	2014-04-15 10:21/
城中学生张凤翔签到！	0字符	张凤翔	2014-04-15 10:20	0/5	2014-04-15 10:20/
⊞为什么要有持续经营假设?持续经营假设的真实含义是什...	0字符	官仕丽	2014-04-15 10:14	1/6	2014-04-15 10:19/ 魏寅
⊞借贷记账法的记账规则是什么？	0字符	易海梅	2014-04-15 10:09	1/3	2014-04-15 10:18/ 魏寅
⊞记账凭证需要审核哪些内容？	0字符	徐消消	2014-04-15 09:57	1/4	2014-04-15 10:11/ 魏寅
⊞感觉有点难	30字符	周孝东	2014-04-15 09:57	1/4	2014-04-15 10:10/ 魏寅
⊞在原始凭证的审核过程中，经审核后的原始凭证的处理规...	0字符	张雪	2014-04-15 09:47	1/5	2014-04-15 09:54/ 魏寅
⊞财产清查方法有哪些？	20字符	高江	2014-04-15 09:46	2/7	2014-04-15 10:00/ 高江
⊞权责发生制和收付实现制的区别是什么？	38字符	冉灵莉	2014-04-15 09:45	1/7	2014-04-15 09:46/ 魏寅
⊞会计要素	714字符	杜洲琴	2014-04-15 09:44	1/6	2014-04-15 09:46/ 魏寅
⊞会计账簿的登记规则是什么？	26字符	高江	2014-04-15 09:43	2/6	2014-04-15 09:50/ 高江
⊞权责发生制和收付实现制的区别是什么？	36字符	汪黎	2014-04-15 09:40	1/7	2014-04-15 09:45/ 魏寅
⊞会计的核算反映的职能特点是什么？	0字符	张雪	2014-04-15 09:40	1/8	2014-04-15 09:44/ 魏寅
⊞基础会计和管理会计有何不同？	28字符	李梓颜	2014-04-15 09:38	1/3	2014-04-15 09:38/ 魏寅
⊞记账凭证	618字符	李驰锐	2014-04-15 09:38	2/11	2014-04-15 09:41/ 魏寅

第1页 共2页 首页 上一页 下一页 尾页 转到第 页

标题	内容长度	作者	发帖时间
⊞ 文学的基本特征	44字符	李勇	2014-04-15 20:59
⊞ 文学概论学习心得	2128字符	冯霞	2014-04-15 20:58
⊞ 今天的讨论很热烈，谢谢同学们	0字符	范增	2014-04-15 20:58
⊞ 文学的四个要素是什么？	0字符	孙红	2014-04-15 20:50
⊞ 请问老师，文学概论要学些啥子东西？考试怎么是开卷还...	0字符	孙红	2014-04-15 20:47
⊞ 请问老师，文学概论要学些啥子东西？考试怎么是开卷还...	0字符	孙红	2014-04-15 20:47
⊞ 直属城东 文学文本的特征	112字符	罗垒	2014-04-15 20:46
⊞ 文学概论	78字符	孙红	2014-04-15 20:44
⊞ 直属城东 文学的意义	40字符	袁飞燕	2014-04-15 20:44
⊞ 直属城东 目前的社会怎么看待文学的文化意义？	170字符	刘美	2014-04-15 20:41
⊞ 浩如烟海的文学作品 脱颖而出的环境条件？	246字符	吴文璟	2014-04-15 20:39
⊞ 请问《文学概论》与社工工作之间的关系？	0字符	杨怡	2014-04-15 20:39
⊞ 直属城东 为什么把文学观念看作是发展变化的？	36字符	刘美	2014-04-15 20:28
⊞ 直属城东 关于文学媒介特点？	70字符	钟思静	2014-04-15 20:26
⊞ 直属城东 请问老师在文学概论中作家生活与作家创作...	344字符	吴蕾	2014-04-15 20:20
⊞ 直属城东 文学观念的演变有何规律性？演变的原因是什...	0字符	蔡文俊	2014-04-15 20:20
⊞ 直属城东 请问老师在文学概论中作家生活与作家创作...	344字符	吴蕾	2014-04-15 20:20
⊞ 为什么要对文学体裁进行分类？	0字符	李诗磊	2014-04-15 20:20
⊞ 直属城东 文学作品的创作大多来自虚构，而历史则尊重...	12字符	徐静	2014-04-15 20:18
⊞ 文学与文学文本、文学与文学语言、文学与文学形象、文...	94字符	张莉	2014-04-15 20:18

欢迎同学们参与今天10：30-11：30的实时导学...	0字符	魏寅	2014-10-21 10:30	0/2	2014-10-21 10:30/
⊞我是城南学院的，什么是借贷记账法？其基本特征及记账...	0字符	文明	2014-10-21 10:28	2/5	2014-10-21 14:28/ 吕亚君
⊞我是城南学院的，什么是复式记账？复式记账有什么优缺...	0字符	陈瑞乐	2014-10-21 10:25	1/5	2014-10-21 10:31/ 魏寅
⊞我是城南学院的，什么是会计科目？什么是账户？二者有...	0字符	田苗	2014-10-21 10:21	1/4	2014-10-21 10:29/ 魏寅
⊞我是城南学院的，请问什么是会计等式？会计等式如何表...	0字符	田苗	2014-10-21 10:19	1/4	2014-10-21 10:28/ 魏寅
⊞什么是利润？利润是如何确认的？	0字符	刘丹	2014-10-21 10:16	1/3	2014-10-21 10:27/ 魏寅
⊞提问	38字符	王香	2014-10-21 10:16	3/12	2014-10-21 10:40/ 王香
⊞我是城南学院的，什么是费用？其特征及确认条件有哪些...	0字符	刘丹	2014-10-21 10:15	1/4	2014-10-21 10:23/ 魏寅
⊞什么是收入？其特征及确认条件有哪些？	0字符	杨环	2014-10-21 10:13	1/4	2014-10-21 10:22/ 魏寅
⊞五冶分校学生，请问基础会计重点要掌握的内容有那些？...	36字符	廖静	2014-10-21 10:13	1/4	2014-10-21 10:20/ 魏寅
⊞请问什么是所有者权益？其特征及确认条件有哪些，我是...	0字符	杨环	2014-10-21 10:13	1/4	2014-10-21 10:20/ 魏寅
⊞我是城南学院的，请问什么是负债？其特征及确认条件有...	0字符	蒋啸	2014-10-21 10:08	1/2	2014-10-21 10:19/ 魏寅
⊞我是五冶分校的学生，请问复式记账的基本原理？	24字符	付信兰	2014-10-21 10:05	1/2	2014-10-21 10:18/ 魏寅
⊞请问什么是资产？其特征及确认条件有哪些，我是城南学...	0字符	罗颖	2014-10-21	1/2	2014-10-21 10:17/ 魏寅

图 2-10　学生参加网上实时导学情况

3. 过程化考核

为了有效地促进学生参加网络学习的积极性、主动性、参与性和责任感，国家开放大学（成都分部）从省开课程的教学与考核的改革入手，将教学质量控制的"末端治理"变革为"过程控制"，强化教学过程，率先推行过程化考核，督促师生双方教学行为的有效发生，全面激活学生参与网络学习的空前动力和巨大潜力。

1）过程化考核历程

2011秋季学期，主要以上级主管部门教学检查为契机，尝试通过8门自开课程在线考试、网上教学信息公开等措施营造网上教学互动环境，寻找网上教学工作的回归感。

2012春季学期，清理网上专业和课程信息，进一步固化网上教学互动环境；推出52门自开课程考核改革；网上教学信息公开等措施用以暴露教学过程的问题，研究和寻找提高网上教学参与度的途径。同时，配合学校绩效改革方案，制定了教师工作量管理办法，从制度层面保证教学工作有序健康地运行。

2012秋季学期，活化网上学与教互动；自开课考核改革扩容至82门课程；教师管课课程结构调整；强推资源建设和教学创新；教学奖励常态化。

2013春季学期，中央和省课改课扩容形成体系，自开课程考核改革扩容至92门，实现教学资源的"深度使用"，提高教与学的深度融合。

2013秋季学期，自开课程考核改革扩容至115门，将各大本科专业的23门补修课程纳入课程考核改革之列，教与学步入良性循环之路。

2014春季学期，中开课改课课程29门，中开非课改课课程5门，自开课改课课程扩容至142门，省开非课改课课程扩容至288门，95%以上的选修课程实现全网的"学考一体化"。

2015春季学期，国开学习网课程22门，中开课改课课程95门，中开非课改课课程5门，自开课改课课程扩容至144门，省开非课改课课程扩容至422门，选修课程全覆盖进行全网的"学考一体化"。引入直播系统，实现面授教学"扁平化"，直达学员。

2015秋季学期，国开学习网课程32门，中开课改课课程166门，中开非课改课课程5门，中开省网考课程29门，自开课改课课程继续扩容至146门，省开非课改课课程继续扩容至458门，选修课程全覆盖进行全网的"学考一体化"。引入"职业素质"和"创业教育"课程进行综合实践环节的学分置换。

2016年春季学期，国开学习网课程45门，中开课改课课程168门，中开非课改课课程 15 门，中开省网考课程 32 门，省开课改课课程继续扩容至 146 门，省开非课改课课程继续扩容至 492 门，选修课程全覆盖进行全网的"学考一体化"，34 门实践实训课程纳入在线考试系统进行"随学随考"。

2）过程化考核结构

第一，考核成绩构成。课程考核成绩由表 2-4 中的三部分内容构成。

表 2-4 课程考核成绩构成

构　成	分　数	合格分数
在线考试成绩	60	36
在线学习成绩	20	12
操行成绩	20	12
成绩合计	100	60

第二，在线考试成绩。

省开课改课课程：学生按规定在成都电大在线"考试系统"完成三次在线考试，每次在线考试满分为 20 分，每次在线考试必须达到 12 分方为合格。

省开非课改课课程：学生按规定在成都电大在线"考试系统"完成一次在线考试，每次在线考试满分为 100 分，每次在线考试必须达到 60 分方为合格。

第三，在线学习成绩。2016 年以前学期：在线活动成绩满分为 20 分，由课程在线时间、浏览资源次数、论坛交流（发帖、回帖、跟帖）帖数等组成，如表 2-5 所示。

表 2-5 在线学习成绩 20 分的核算指标

构　成	比例	20 分	15 分	10 分	5 分	0 分
课程在线时间/（分钟）	40%	超过 60	40~60	20~40	10~20	10 以下
浏览资源/（点击次数）	40%	超过 30	20~30	10~20	5~10	低于 5
论坛交流/（帖数）	20%	发有效贴 1 个	0	0	0	0
成绩合计	100%					

各办学单位各课程注册学生完成对应课程，在成都电大在线网上的静态文本资源和动态视频资源的学习，每门课程的在线时间不低于60分钟，在线学习的课程浏览资源不低于30次，论坛交流有效贴不低于1个。

2016年春季学期：在线学习成绩满分为20分，由课程活跃周数、课程出勤天数和行为次数总和组成，如表2-6所示。

表2-6 在线学习成绩20分的核算指标

构成	比例	20分	16分	12分
课程活跃周数	0.2	超过5	3	1
课程出勤天数	0.3	超过10	6	2
行为次数总和	0.5	超过100	60	20

各办学单位各课程注册学生完成对应课程，在国开学习网上的静态文本资源和动态视频资源的学习，每门课程的课程活跃周数不低于5周，在线学习的课程出勤天数不低于10天，行为次数总和不低于100次。

第四，操行成绩。操行成绩满分为20分。根据学生操守、学习态度、参加面授辅导、小组学习、创新性活动、公益性活动等内容评定。

3）过程化考核效果

过程化考核强化了学生的在线学习和随学随考，极大地促进了国家开放大学（成都分部）在国家开放大学一年一度的网上教学检查中屡创佳绩。

在2011年开放教育教学检查工作中，成都电大在网上教学工作在总体比较突出的10家省级学校中位列第六，与2010年网上教学检查相比，进步比较明显的六家省级学校中成都电大位列第一（电校评估〔2012〕06号）。

在2012年开放教育教学检查工作中，成都电大网上教学工作在总体比较优秀的10家省级学校中位列第三。上级主管部门的教学检查通报（电校评估〔2013〕2号）中，特别提到"成都电大通过改造学习平台，优化了网上教学环境；通过网上教学观察制度，促进了网上教学的实施效果；加强了实时和非实时教学活动的组织、督导和监控。"

在2013年开放教育教学检查工作中，成都电大网上教学工作在总体比较突出的10家省级学校中位列第一。上级主管部门的教学检查通报（电校评估〔2014〕4号）中，特别提到"成都电大高度重视教育教学质量，不断完善网上教学的基本规范和制度，充分发挥网上教学行为数据的统计和跟踪作用，在调动师生参与网上教学、形成和活跃网上学习氛围方面做了积极努力,取得了较好效果。"

在 2014 年开放教育教学检查工作中,成都电大网上教学工作在总体比较突出的 10 家省级学校中位列第一。上级主管部门的网上教学检查通报(国开支持〔2015〕2 号)中,特别提到"成都电大进一步加大督导检查力度,在既有常态检查机制基础上,建立健全相关管理制度和分部与学习中心之间的网上教学联运机制,建立健全网上教学相关信息的公开、查询、分析制度,同时加大非统设课网上学习与网上考试的改革力度,有效地促进了学生的网上学习意愿,培养了学生的网上学习习惯。""成都电大通过多种形式对全系统的教学管理人员及班主任进行基于学习网的技能培训;积极探索网络、面授、小组学习、课程实践之间的有效融和。"

四、教学设计

课程在教育教学中处于核心地位,是人才培养质量的关键。课程教学设计是课程教学质量的重要基础,国家开放大学总部和各分部应根据开放教育教学分工和自身实际,进行科学、合理的课程教学设计。本书在总结多年实践的基础上,对教师课程教学实施细则制定、网络课程设计、面授辅导设计、课程实践设计进行了深入的研究与探索。

(一)实施细则的教学设计

课程教学实施细则(教学设计方案)的制定应依据国家开放大学总部的课程教学设计方案进行制定,在遵循成都电大"线上与线下相融合的混合教学模式"的基础上,体现现代远程开放教育和素质教育的特点,注意培养学生运用所学知识解决实际问题的能力和学生的个别化学习能力。

课程教学实施细则(设计方案)应根据各门课程的特点制定,可采取不同形式,但应该包括以下基本内容:

(1)课程概况,主要阐述课程的性质和任务,通过该课程的学习,学生应掌握的主要知识及达到的能力,该课程与先修课和后续课的关系等。

(2)课程教学说明,主要包括课程的理论学时及学分、各部分教学内容及理论学时分配、实践环节(实验、操作、实务等)内容及学时分配等。

（3）教学内容，概括说明课程的教学内容，教学内容不能突破课程教学大纲和教材的范围。

（4）要明确中央电大、市电大为本门课程教学提供的文字教材（写明教材名称、主编及出版单位）、音像教材（写明录音、录像、光盘的类别及其主要教学内容）、IP 课件、CAI 课件（写明名称及期主要教学内容）网络课程等教学媒体、网络教学（主要内容及上网浏览、查询及交互方式）应简要说明各种媒体在教学和学习中的作用及使用要求或建议。

（5）教学过程及教学模式，根据成都电大"线上与线下相融合的混合教学模式"的基本框架，整个教学过程要体现面授课堂和网络课堂的结合、线上教学与线下实践相融合、课堂理论教学与现场体验教学相补充。将理论课时按现实课堂和网络课堂分别安排，要明确面授辅导、自学（包括自学文字教材和其他多种媒体资源）、小组协作学习、课程实验、学习、课程设计、社会调查等实践教学活动、网上学习（包括浏览网上辅导文章、参加网上讨论和网上答疑）、网上自测等环节对导学教师和学生的具体要求。要根据课程特点和学生的实际情况，建立本课程实践模型具体要求。上述各环节要求应清晰、明确、具体，便于操作。

（6）考核，明确课程的考核由形成性考核和终结性考核两部分组成，并且说明两种考核各占课程总成绩的比例。对形成性考核要明确考核项目及形式，各项考核所占形考的比例。要针对教学过程和教学安排分现实课堂和虚拟网络课堂两个方面进行形成性考核，项目要全面。对平时作业、实验等，要给出具体的内容及成绩评定标准；对终结性考核，要明确考核形式及有关要求。

（7）教学建议，要结合成都电大"线上与线下相融合的混合教学模式"的基本框架或课程实践模型，提出对导学教师的教学建议和对学生的自学建议。

（8）素质教育，结合课程特点提出将素质教育贯穿于课程教学全过程的要求。

（9）学习支持服务，明确各级学校和教师对学生提供学习支持服务的形式和内容。

（10）教学评估及教学反馈，教学评估是对课程教学实施情况进行的评价。要明确评估方式（如问卷调查、座谈、检查等）及要求，公开课程责任教师的联系方式，如电话号码、电子邮箱地址等，加强教学信息反馈。

（二）网络课程的教学设计

2015年春季学期以前，成都广播电视大学主要依靠"成都电大在线"教学平台进行网络课程教学，2015年秋季学期开始，国家开放大学（成都分部）主要依靠国家开放大学"学习网"进行网络课程教学，因此在网络课程设计上经历了从"电大在线"平台向"国开学习网"平台迁移的变革。

1. 网络课程设计要素

1）成都广播电视大学"电大在线"网络课程设计

（1）栏目一：教学文件。

① 课程说明。包括课程的性质和任务、课程概况、课程教学的基本要求、教学方法与教学形式建议、课程教学要求的层次、课程的评价、先修及其后续课程等内容。

② 教师介绍。主要介绍课程的教学团队，包括中央电大课程责任教师、中央电大主讲教师、教材主编、成都电大课程责任教师、主要面授辅导教师介绍等内容。

③ 教学大纲。包括教学大纲说明、媒体分配和教学过程建议以及教学内容和教学要求。凡选修课程都必须按中央电大的规范要求编制教学大纲。中央电大必修课程都编制了教学大纲，可以采用，但需结合成都电大实际情况作适当修订。

④ 实施方案。包括课程基本情况介绍、教学内容和课时安排、多种教学媒体的配置情况（文字教材的介绍、网上辅导的介绍、IP课件或CAI课件的介绍等）、教学活动安排（实时与非实时交互、课程讨论、学习竞赛、学术讲座等）、教学环节建议（对辅导教师的建议、对学生自主学习的建议等）等。

（2）栏目二：稳定性文本资源。

① 开篇导学：建议采用录播系统或者IP系统制作25分钟左右，主要讲授课程的学习资源、学习方法及其学习建议等内容。

② 教学辅导：请按章节对教材的重点和难点等知识点进行归纳与梳理，并上载到成都电大"电大在线"教学平台，既要注重解疑释难，又要注意知识的系统性和完整性。与此同时，结合时政热点问题编撰具有地域特色的个性化的辅导文本资源，并上载到成都电大"电大在线"教学平台。

③ 分章练习：按照章节编撰课程的章节练习及其练习答案，并上载到成都电大"电大在线"教学平台。

④ 教案文档：按照章节完成课程 PPT 教案文档资源的制作并上传到成都电大"电大在线"教学平台，每章的教案文档务必保证教材知识点的系统性和整体性，且突出重难点，切勿将教材的章节目录进行简单的翻版。每次上载的教案文档形式上美观可读、字体适中，便于学生学习，一般不低于 10 张幻灯片页面。

⑤ 单元串讲：按照篇章的要求划出教学单元，对每一个教学单元做串讲，每一个单元的串讲建议采用视频资源形式完成。

（3）栏目三：动态性文本资源。

① 案例分析：根据时代热点、难点问题提炼案例材料，引导学生参与案例讨论，激发学生思考，要有案例和分析参考，理工农医教学部和英语国际部可由典型例题替代案例分析。每学期每一门课程不低于 4 篇，按月上载。

② 在线作业：利用"电大在线"的在线考试系统软件进行在线作业试题录入和组卷，确保每一道题目的试题录入的规范化和标准化、答案的准确性且录入的试题题量应该是每次实考题目的 3 倍。

③ 参考资料：推介与课程学习相关的参考资料，介绍本学科学术研究的现状与前景、有关学术报告与学术成果摘要、联系实际布置研究课题和学习材料等，引导学生开展学术研究。每学期每一门课程（一般）不低于 4 篇。

④ 期末复习：上载当期考试说明、课程复习意见、复习辅导资料（重难点问题）等有助于学生考前复习的相关资料。建议做成视频资源上载到"电大在线"教学平台。

⑤ 考试：上载至少两学期的考试真题、当期模拟考试试题及其解析等有助于学生考试的相关资料。

⑥ 质量反馈：上载至少两学期的试卷分析，试卷分析包括试卷样本得分情况、存在的问题及其解决建议等内容。

2）国家开放大学"学习网"网络课程设计

（1）栏目一：课程公告。

200 字左右，首页呈现，介绍课程的基本情况，包括性质、学分、教材等信息。

（2）栏目二：教学文件。

① 教学大纲。

② 课程说明。

③ 实施方案。

④ 考核说明。
⑤ 教学团队。
（3）栏目三：在线教学活动（新加栏目，责任教师的课程教学安排）。
① 导学安排（实时导学、开放式主题导学、直播互动导学）。
② 直播安排。
（4）栏目四：教学辅导资源（整理资源，重新归类，按章节或主题部署）。
① 按主题教学辅导（文字、图文、视频、微课、PPT）。
② 按章节教学辅导（文字、图文、视频、微课、PPT）。
（5）栏目五：复习参考（责任教师整理发布）。
① 期末复习的资料或辅导。
② 往届试卷。
（6）栏目六：考试考核（省校标准和要求）。
① 课程考核的构成与考核形式。
② 形考性考核说明。
③ 终结性考核说明。
（7）栏目七：拓展学习（可选栏目）。
① 拓展学习资料。
② 拓展阅读书籍推荐。

2. 网络课程设计重过程

网络课程在教学平台设计之中注重教育教学考核的过程化，通过"入门提醒——过程自控——学考一体化"三个阶段全面展示网络课程的教考相互依存、相互促进的设计理念，如图 2-11 ~ 2-13 所示。

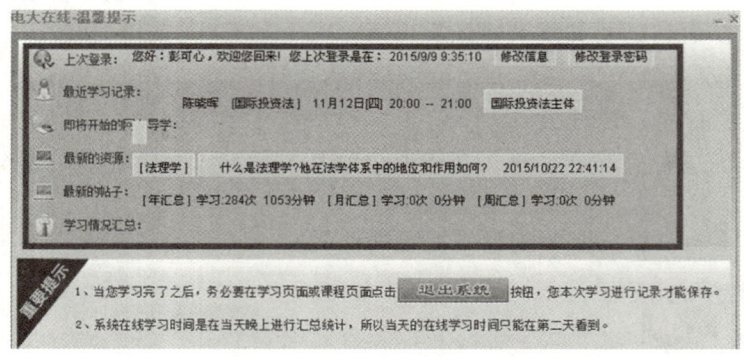

图 2-11　入门提醒

第二章　基于线上线下融合的课堂教学与考核的"1+6"背景 ◎ *049*

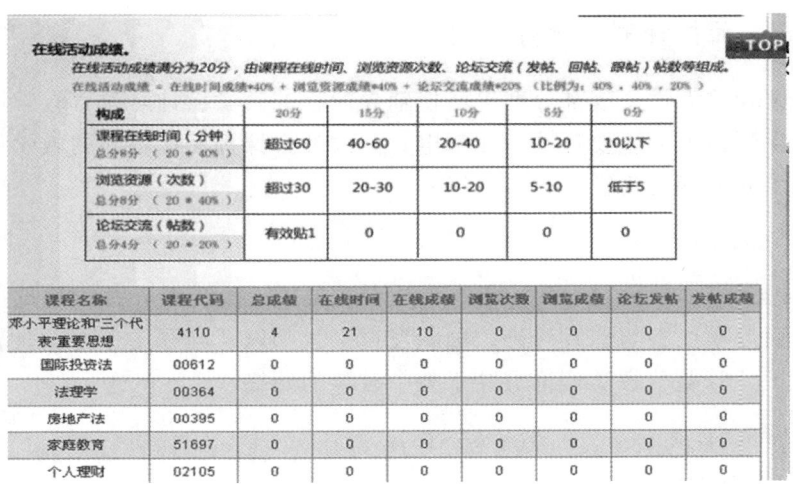

图 2-12　过程自控

图 2-13　学考一体化

(三)面授课程的教学设计

国家开放大学(成都分部)面授辅导课程的教学设计是教育教学课程过程质量保证体系的重要环节。成都电大开放教育课程面授辅导的教学设计着重从以下几方面入手。

1. 教学理论

依据多媒体辅助教学法,根据素质教育要求,充分地发挥学生的主体性作用,引导学生参与课堂讨论,踊跃发言,教师以"问题"作为课堂教学的"神",把"问题"教学理论贯穿于整个教学的始终。

2. 教学目标

1)知识要求

通过本章的教学需要学生识记和理解知识。

2)能力要求

通过教学使学生能运用基本原理、基本知识分析经济生活中的现实问题。

3)思想觉悟要求

以"市场营销学"课程为例,通过学习本课程内容,使学生懂得作为一个合格的企业经营者应具有市场营销素质及基本的营销理念,努力培养学生的市场营销意识。

3. 教学重点

面授辅导课的辅导教师需要明确每节面授教学课的教学重点,对于课程的重点问题需要在整个教学中重点剖析,保证学生对知识的掌握。

4. 教学难点

面授辅导课的教师需要明确每节面授教学课的教学难点,对于课程的难点问题需要在整个教学中重点化解,升华学生对知识的理解。

5. 教学方法

总体上采用现代教育教学技术放映教学课件,组织学生讨论,充分发挥学生的主体性作用,其中贯穿举例、列表、对比、解释等具体的教学方法。实现剖析重点、化解难点、提升认识的教学目的。

6. 学法指导

以"市场营销学"课程为例，指导学生课前阅读有关市场营销和竞争的书籍，如《竞争战略》，从中能了解一些有关企业竞争的基本素质，并能用自己的语言讲述出来。同时，指导学生从日常生活中以及报纸、杂志中体会、理解企业在市场经济中该如何开展竞争，如何树立企业的信誉和良好形象，学会辨证、全面地分析问题，解决问题。

7. 教具准备及教时计划

面授辅导课的辅导教师应明确本节面授教学课需要使用的远程教育工具及教时计划。

8. 教学设计

回忆前课→导入新课→多媒体展示本课程重难点问题→教师讲解基本知识点→多媒体展示正面案例材料→引导学生讨论→多媒体展示负面案例材料→引导学生进行比较分析→结合正反案例引导学生对知识的升华→多媒体展示结论→总结本节课程主要精髓→利用课堂同步练习来巩固学生本节知识→布置下次多媒体辅导教学课的预习内容。

9. 本课小结

主要回忆本次课程教学中的重、难点内容，学生应该掌握的基本知识点以及应该具有辩证地、全面地分析问题、解决问题的能力。

10. 课后练习

针对本次面授教学课程的主要内容制订相关同步练习，借助网上教学平台上载同步练习，方便学生在课后积极地参与网上教学活动，为提升学生参与网上教学的积极性提供了充分保证。与此同时，也保证了学生在网络平台上学习的效果和效率。

（四）课程实践的教学设计

国家开放大学（成都分部）课程实践设计主要从四个方面进行入手，一是在内容上实现生活化，二是在模式上实现多元化，三是在效果上实现过程化，四是在评价上实现多维化。

1. 课程实践设计内容生活化

教学内容来源于实际生活，又为实际生活服务。某些特定课程的生产或生活的实践性，揭示了课程教学内容与实际生产或生活的关系。重视特定课程与特定生活的联系，教学设计时注重从学生的生活经验和已有知识中学习和理解课程，培养学生的探索意识，使学生初步学会运用所学的专业知识和方法解决一些简单的实际问题。国家开放大学（成都分部）开设的"市场营销学"课程在教学设计、组织实施、教学策略方面进行了有益的探索，取得了一定的课程实践教学效果。

2. 课程实践设计模式多元化

借助网络可打破课堂空间的局限，使课堂延伸至广阔的社会，实现课内与课外的沟通与融合。课程面授辅导教师寻求理论与实际结合的切入点，结合办学单位、学生的实际情况尝试源自生活、贴切生活的"课堂理论教学——现场实践教学——网上交流深化——课堂交流评析"的线上与线下、教室与现场互动的教学模式。

3. 课程实践设计效果过程化

当学习内容和学生熟悉的生活背景越接近，学生自觉接纳知识的程度就越高。生活是课程教学永不枯竭的源泉，现行教材中存在着大量与学生的生活经验和现实生活相关的实际问题。教学中教师不仅要提供现实生活中的材料，创设接近学生生活实际的情境，从课程的视角观察认识现实生活，注重课程知识与实际的联系，让学生在观察、操作、猜测、交流、反思等活动中逐步体会知识的产生、形成与发展的过程，获得积极的情感体验，感受知识的力量，使学生学有所思，学有所用，让学生学会从生活中挖掘课程内容的源泉，在潜移默化的实践教学过程中提升学生的组织能力、沟通能力、领导能力、创新能力、学习能力、号召能力及适应能力等，全面锻造符合经济、社会发展所需的高素质的应用型、复合型人才。

4. 课程实践设计评价多维化

课程实践教学的评价应该实行360°考评，评价主体实现多维化，包括学生评价、校内教学督导组评价、校外专家评价、行业企业评价等。

1）学生评价

学生重点评价实践教学辅导教师的教学态度、教学内容、教学方法及教学效果等，其评价指标如表2-7所示。

表 2-7 国家开放大学（成都分部）教学评价指标体系（学生评价表）

指标	内涵	权值	评估等级			
			A	B	C	D
教学态度	对教学工作热情负责，不迟到早退，不无故缺课	0.10				
	为人师表，关心学生，严格要求，教风良好	0.07				
教学内容	学习资料利用率高，有利于学生自学，严格执行教学大纲	0.10				
	备课充分，精通内容，讲授熟练，重点突出，特色鲜明	0.13				
	及时更新教学内容，理论联系实际	0.11				
教学方法	用普通话授课，表达清楚准确，教学内容呈现工整规范	0.07				
	因材施教，能体现素质教育和创新精神的培养，启发引导，注重学生创新能力的培养	0.12				
	采用现代教育技术和手段，改进教学方式方法	0.08				
教学效果	通过本课程的学习，学生知识明显长进，能力明显增强，素质得到提高，课堂气氛好，师生充分交流	0.22				

2）校内教学督导组评价

校内教学督导组重点评价实践教学辅导教师的课程讲授效率、讲授质量、教学态度与教书育人等，其评价指标如表 2-8 所示。

表 2-8 国家开放大学（成都分部）校内教学督导组评价指标表

指标	内涵	权值	评估等级			
			A	B	C	D
课程讲授效率	面授辅导教师严格按照教学日历的进程组织教学，保质保量地完成教学大纲的全部课程要求	0.4				
讲授质量	课程辅导教师授课质量均为优秀。面授辅导教师，能做到课堂教学环节齐全，内容讲解生动、熟练且具有启发性，能够因材施教，教态自然大方，并且通过实践课培养了学生创新精神和动手能力，得到了其他教师及广大学生的好评	0.4				
教学态度与教书育人	面授辅导教师备课认真、充分、规范，爱岗敬业，教学态度严谨。能根据行业发展状况及时更新自己的知识结构，能够及时掌握学生的学习效果及思想动态，严格要求，认真引导，真正做到了教书育人	0.2				

3）校外专家评价

校外专家重点评价实践教学辅导教师的课程设计思想、课程设计理念、课程设计内容、课程教学模式及课程教学方法等，其评价指标如表 2-9 所示。

表 2-9　国家开放大学（成都分部）校外专家评价指标表

指标	内涵	权值	评估等级			
			A	B	C	D
课程设计思想	以就业为导向，以培养管理、服务领域第一线需要的高技能人才为目标，坚持"工学结合"的课程设计思想	0.2				
课程设计理念	在课程设计上，坚持"工学结合"的理念	0.2				
课程设计内容	内容安排上既要遵循实践工作的基本程序，又要充分考虑到学生认知及技能培训的内在规律	0.2				
课程教学模式	教法上采用"教、学、做"一体化的教学模式	0.2				
课程教学方法	课堂与现场讲授，线上与线下教学中，实现多种教学手段和方法的混合使用，综合教学效果良好	0.2				

4）行业企业评价

行业企业重点评价实践教学辅导教师的课程理念与思路、课程针对性和适用性、课程组织与安排、课程教学模式、课程信息技术的应用及课程师资师德、能力与水平等，其评价指标如表 2-10 所示。

表 2-10　国家开放大学（成都分部）行业企业评价指标表

指标	内涵	权值	评估等级			
			A	B	C	D
课程理念与思路	以职业能力培养为重点，与行业企业合作进行基于工作过程的课程开发与设计，充分体现职业性、实践性和开放性的要求	0.15				
课程针对性和适用性	根据行业企业发展需要和完成职业岗位实际工作任务所需要的知识、能力、素质要求，选取教学内容，并为学生可持续发展奠定良好的基础	0.15				
课程组织与安排	遵循学生职业能力培养的基本规律，以真实工作任务及工作过程为依据整合、序化教学内容，科学设计学习性工作任务，教、学、做结合，理论与实践一体化，实训、实习等教学环节设计合理	0.15				
课程教学模式	重视学生在校学习与实际工作的一致性，有针对性地采取工学交替、任务驱动、项目导向、课堂与实习地点一体化等行动导向的教学模式	0.15				
课程信息技术的应用	运用现代教育技术和虚拟现实技术，建立虚拟社会、虚拟企业、虚拟车间、虚拟项目等仿真教学环境，优化教学过程，提高教学质量和效率，取得实效	0.15				
课程师资师德、能力与水平	师德高尚、治学严谨；执教能力强，教学效果好，参与和承担教育研究或教学改革项目，成果显著；与企业联系密切，参与校企合作或相关专业技术服务项目，成效明显，并在行业企业有一定影响	0.25				

五、教师工作

通过大量的调研和实践研究，本书认为教师的主要工作是重点开展线上与线下相融合的面授课堂、网络课堂和实践课堂等。

（一）线上与线下相融合的面授课堂

面授教学是学生获取知识的重要途径。直属学院依据自己的三流专业，依托校本部教学师资，高校和行业资源优势，合理安排面授教学工作，并在城区学院之间共享教学和教师资源。基于此，城区学院建立了师资库共建共享机制和面授辅导安排的共享机制。目前，直属学院拥有专兼职教师300余人。成都电大直属学院面授教学课的组织要求如图2-14所示，其执行情况如表2-11所示。

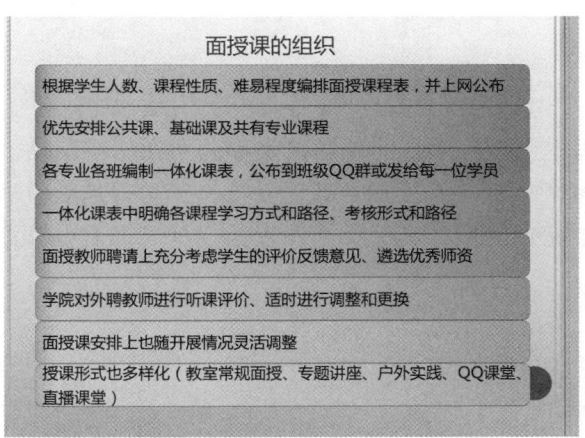

图2-14 成都电大直属学院面授教学课的组织

表2-11 成都电大直属学院面授教学课执行情况（2014年度）

	城东学院	城南学院	城中学院	城西学院
计划开课课程门数	130门	122门	45门	51门
总课时数	1 900学时	1 935学时	850学时	930学时
已经开课学时数	1 900学时	1 935学时	850学时	930学时

图2-15为面授教学直属学院制订的一体化课表，它可以让学生对所学课

程的学习及考核情况都非常清楚。

各班一体化课表

2014秋建筑施工与管理专业课表

专业：建筑施工与管理　层次：专科　班主任:刘小梅 电话：13111855538 班级QQ群：176552259

序号	课程名称	年级	人数	课程性质	学分	面授	周日时间	日期	教室	授课教师	形考比例	考核形式	考核说明
1	毕业实践	13春		必修	10						0%	毕业论文	毕业评审
2	建筑材料（A）	14春14秋		必修	3	6	周三19:00	09.17/09.24/10.15/10.22/10.29/11.05	1#多功能3	耿佳弟	20%	纸质考试	期末考试
3	建筑工程项目管理	14春14秋		必修	4	6	周四19:00	10.16/10.23/10.30/11.06/11.13/11.20	1#多功能3	李伟	20%	纸质考试	期末考试
4	单位工程施工组织设计	14春14秋		必修	2	2	周四19:00	待定	1#多功能3	李伟	20%	实作	建筑工程施工图(建筑、结构和水电施工图)岩土工程勘察报告；工程施工条件等。
5	建筑结构	14春14秋		必修	5	4	周五19:00	10.17/10.24/10.31/11.07	1#多功能3	耿佳弟	20%	纸质考试	期末考试
6	建筑结构实训	14春14秋		必修	2	2	周五19:00	待定	1#多功能3	耿佳弟	20%	实作	单向板肋梁楼盖的计算、施工图的绘制计算书和2号图纸两张
7	建筑制图基础	14春14秋		必修	3	8	周二19:00	09.16/09.23/10.14/10.21/10.28/11.04/11.11/11.18	1#多功能3	杨青	20%	纸质考试	期末考试
8	建筑制图基础实训	14春14秋		必修	2	2	周二19:00	待定	1#多功能3	杨青	20%	实作	考核由两部分组成，小作业(实训)成绩占总成绩的40%，大作业(指示书)
9	计算机综合应用能力实训	14春14秋		必修	4	0		自主学习+上网学习			20%	实作	熟练利用计算机绘图软件AutoCAD或天正软件的基本命令的前提下绘制建筑总面积不小于2000m²，层数不小于3层的建筑物的建筑施工图，包括建筑物的平、立、剖面和详图。
10	工程建设监理概论	14秋		选修	3	0		自主学习+上网学习			100%	网上作业	1、登陆成都电大在线学习平台(open.cdrtvu.com)学习。在线时间大于60分钟，点击并阅读查看课程资源大于30次，进入课程论坛交流大于1次。2、登陆成都电大形考平台(exam.cdrtvu.com)完成3次形考作业并及格（每次作业可反复测试）。
11	个人理财	14秋		选修	2	0		自主学习+上网学习			100%	网上作业	

图 2-15　成都电大直属学院面授教学一体化课表

在执行过程中，直属学院的教学课表都公布在学校网站上（见图 2-16），学生可以根据城区学院的面授辅导课程安排，无障碍地就近选择校区听课。这既方便了学生就近学习，又保证了课程面授辅导的有效开展。

网上互动(中央)　网上互动(成都)　城区课表　教学研讨　直（录）播课堂　电视课堂　教学创新活动　MORE

课程	主讲	日期	时间	教室	地点	调课
基础会计	黄大方	2014-11-14	19:00-21:00	1206	大石西路56号一号教学楼	
计算机应用基础（本）	明勇	2014-11-14	19:00-21:00		天府二街蜀都中心2号楼4楼	
基础会计	黄大方	2014-11-14	19:00-21:00	1206	大石西路56号一号教学楼	
计算机应用基础（本）	明勇	2014-11-14	19:00-21:00		天府二街蜀都中心2号楼4楼	
工程数学	于开宣	2014-11-14	19:00-21:00	1号楼多功能4	建设北路一段七号	
英语II（1）	余建军	2014-11-15	09:00-12:00	1号楼多功能4	建设北路一段七号	
英语II（2）	余建军	2014-11-15	13:30-16:30	1号楼多功能4	建设北路一段七号	
计算机应用基础(本)	王琰	2014-11-15	13:30-16:30	1号楼3号机房	建设北路一段七号	

网上互动(中央)　网上互动(成都)　城区课表　教学研讨　直（录）播课堂　电视课堂　教学创新活动　MORE

课程	主讲	日期	时间	教室	地点	调课
建筑结构	申少华	2014-11-13	19:00-21:00	1205	大石西路56号一号教学楼	
建筑结构实训	申少华	2014-11-13	19:00-21:00	1205	大石西路56号一号教学楼	
建筑结构	申少华	2014-11-13	19:00-21:00	1205	大石西路56号一号教学楼	
建筑结构实训	申少华	2014-11-13	19:00-21:00	1205	大石西路56号一号教学楼	
学前儿童语言教育	甘晓敏	2014-11-13	19:00-21:00	1号楼多功能2	建设北路一段七号	
物业管理财税基础	廖友芳	2014-11-13	19:00-21:00	2号楼403	建设北路一段七号	
市场营销学	边明伟	2014-11-13	19:00-21:00	2号楼408	建设北路一段七号	
建筑工程项目管理	李伟	2014-11-13	19:00-21:00	1号楼多功能3	建设北路一段七号	

图 2-16　成都电大直属学院面授教学课的网络公开

除了传统的面授辅导课，直属学院还开设了部分双向视频辅导课，一些不能到现场的同学通过网络也可同步进行面授学习。通过精心的准备和安排，面授辅导课的教学质量得到了保证，学生可以从面授教学中获益良多。

对于部分行业学生，直属学院还开展了"送教上门"的活动。直属城东学院送教到万科，直属城中学院送教到国航、武警，直属城西学院送教到科伦药业，直属城南学院送教到新津普兴镇等。

直属学院还进行了听评课活动（见图2-17），对面授课的效果进行监督。

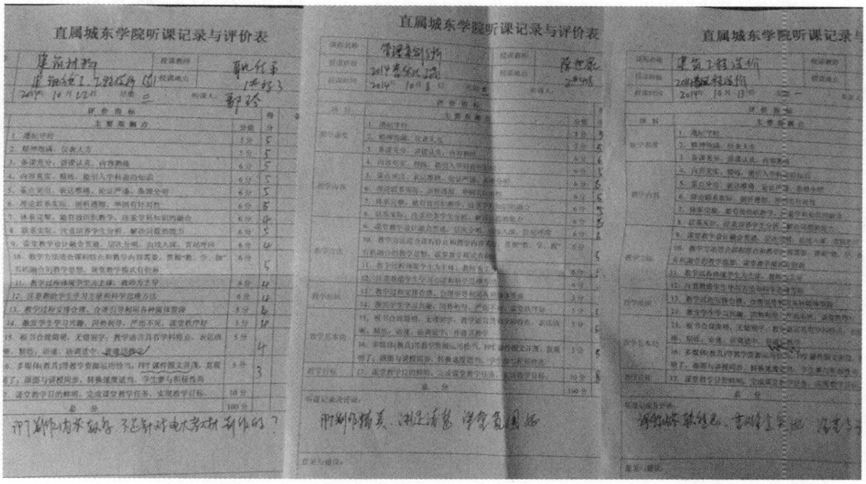

图 2-17　成都电大直属学院面授教学听评课

（二）线上与线下相融合的实践课堂

在教学过程中，直属学院会同专兼职教师组织学生开展形式多样的实践课堂，通过多种方式让同学们能够获得更好的学习效果。

城中学院广告专业学生参观省博物院，活动结束后，师生们进行了座谈，围绕"汲取本土艺术精华，提高广告创作能力"主题，不仅畅谈对本次参观的体会和感想，提出对教学活动的建议，还认真填写了"城中学院学习小组调查问卷"。最后，辅导老师给同学们布置了观后命题作业：以彝族风格图案为主，设计一件T恤衫的LOGO。通过这次参观活动，同学们学习了很多书本上没有的知识，增长了见识，拓宽了眼界。

直属城西学院开展学前教育——美术纸贴画比赛小组活动，此次活动的顺利开展，让同学们尝试运用色彩冷暖搭配不同形状、大小的图形，通过图形排列的疏密来表达自己或热情或平静的心情，达到了活动目的，同时提高了同学们的动手创作能力、灵活思维能力和团队协作能力。

直属城西学院开展学前儿童音乐学习小组活动，活动中，同学们通过赏析音乐作品，共同分析音乐的特色；结合幼儿音乐学习目标和特点，能正确感知、理解歌曲所表现的形象、内容和情感。通过现场编排环节，把课本知识运用到实际演练中，把理论知识和教学实践进行融会贯通。同学们在热情参与的同时，增进了学习上的交流，增强了团队协作意识。

城南学院开展线上线下学习小组讨论活动，使用QQ群视频实现线上线下同时授课。城南学院专职老师针对什么是省开课改课、怎样通过考试平台在线考试、怎样通过成都电大在线发帖、点击学习资源等问题进行了详细讲解，对于中开课改、中开非课改、省开课改、省开非课改以及国开新平台进行了剖析，并且鼓励同学们多学习，多做题，考高分，力争奖学金。课后，工商专业、会计专业、建筑专业等学习小组进行了分组讨论，学院教师也纷纷加入讨论行列，线上教师在线进行疑难问题的解答，线下教师对各小组进行专业的操作指导，双管齐下，授业解惑。

为丰富同学们的其他专业知识，直属学院积极举办各类讲座，采用"现场讲座+远程直播"相融合的方式推动实践课堂网上与网下的有机结合。

（三）线上与线下相结合的网络课堂

在教学过程中，校内专兼职教师应该从"网络资源的建设+网络教学的交互"两个角度推进线上与线下相融合的网络课教学工作。与此同时，"网络教学交互"的成功得益于网络资源建设的效率和效果，因此，网络课堂必备的教学资源建设应该体现视频化、生活化、动态化、生动化、网络化和国际化等特征。

1. 网络课程资源建设

一是，网上资源建设的视频化。随着省开课程学习与考核改革的持续推进，学生上网学习热情大大高于往期，对网上学习资源特别是适合的视频学习资源的诉求越来越强烈。每年，学校以年度目标任务的形式要求专职教师选择熟悉的课程，每学期录制8~12讲的课程重点、难点或者专题讲解视频，每讲视频的教学时间控制在20分钟左右。录制后除了在第一时间上载相关课程平台，还在电大在线主页开辟了直（录）播课堂（见图2-18），极大地方便学生学习。

图 2-18　电大在线主页直（录）播课堂及更多查询页面

二是，网上资源建设的生活化。为加强课程与生产生活的结合，部分课程在上载资源上应尽量做到源自生活、贴切生活、结合生活，重视从学生的生活经验和已有知识中学习课程知识，让学生从生产和生活活生生的事例中提高理论水平（见图 2-19）。

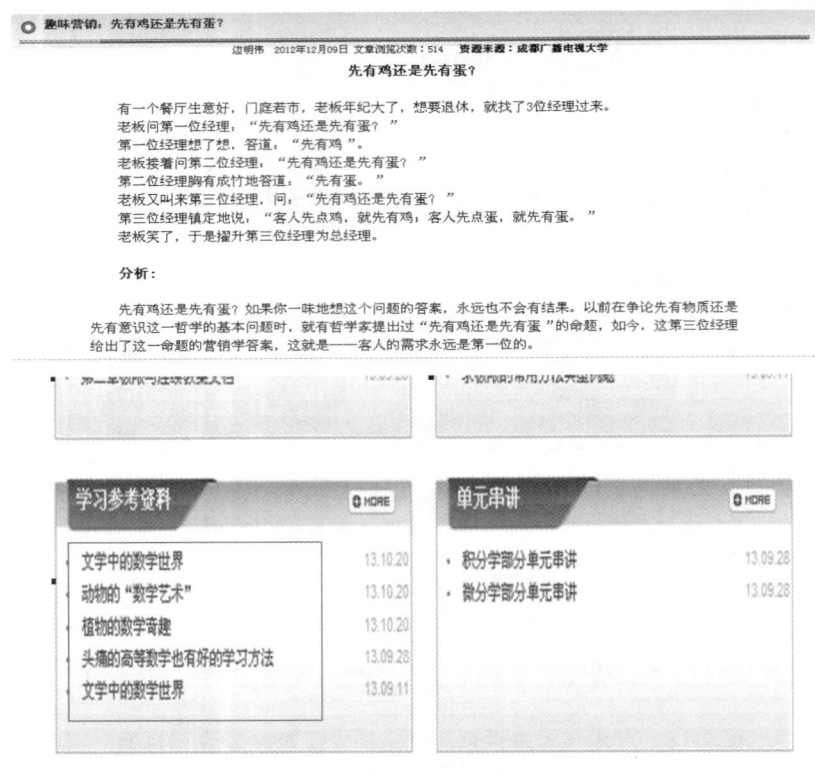

图 2-19 市场营销学和高等数学的生活化资源

三是，网上资源建设的生动化。结合网络特点，制作和上载生动和丰富的音、视、图、动画、文字课件和素材，此外，如"建筑施工技术"课程将网上制作精美的动画（符合相关版权规定）转载到相关课程平台见（图 2-20 ~ 2-24），真实地模拟实际操作场景。

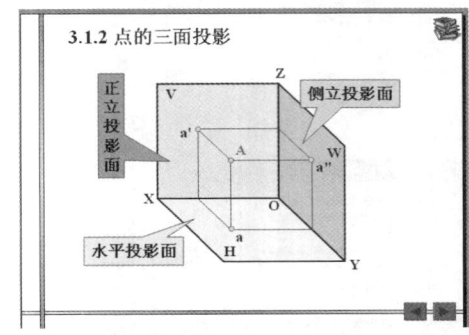 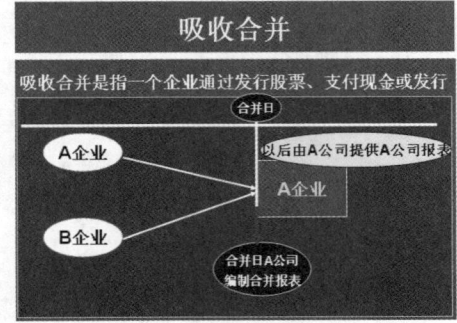

图 2-20　建筑制图基础课程 PPT 教案　　图 2-21　高级财务会计课程 PPT 教案

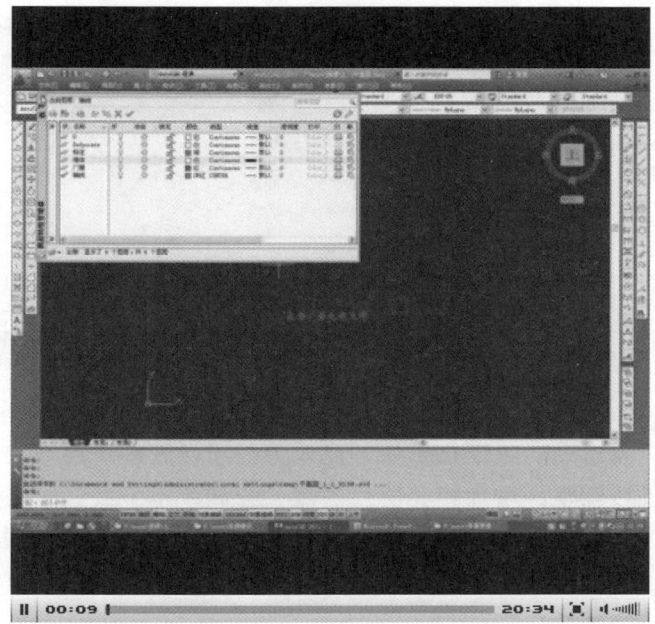

图 2-22 土木工程微课程

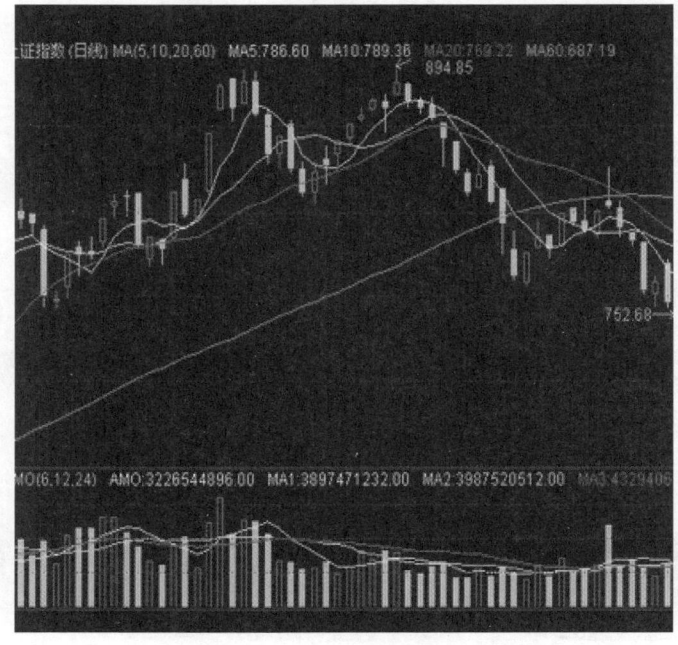

图 2-23 金融市场微课程

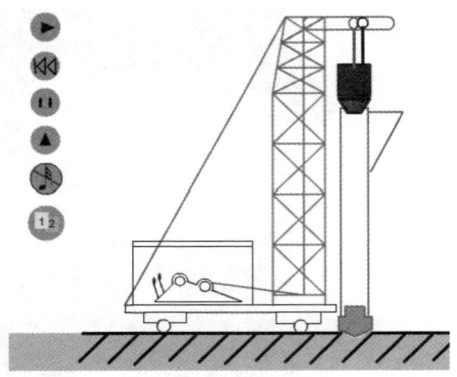

图 2-24 建筑施工技术课程模拟动画资源

四是，资源建设的考证化。如"建设工程项目管理"课程结合执业资格考试的内容进行调整，增加相关法律法规、合同范本下载、一级建筑师执业资格考试相关、二级建筑师执业资格考试相关等栏目（见图 2-25），做到有效、有用，吸引学生认真学习。教学辅导中对执业资格考试难点按照课程相关的内容进行归纳。

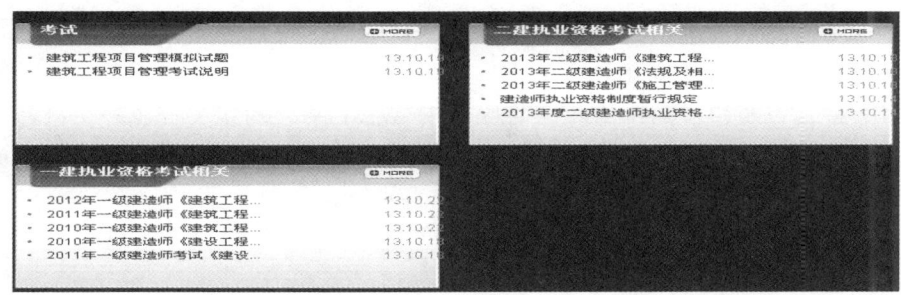

图 2-25　利用教学平台开展职业资格证书培训

五是，网上资源的相关化。网络课程教学平台的功能主要是为教学服务，在介绍学科知识体系、提供教学参考资料、相关习题集和相关链接的基础上（见图 2-26～2-30），结合实际情况，有重点地突出本课程的特色，另外与之相应的系统的教学资源能够帮助学生理解和掌握本课程的教学要点。

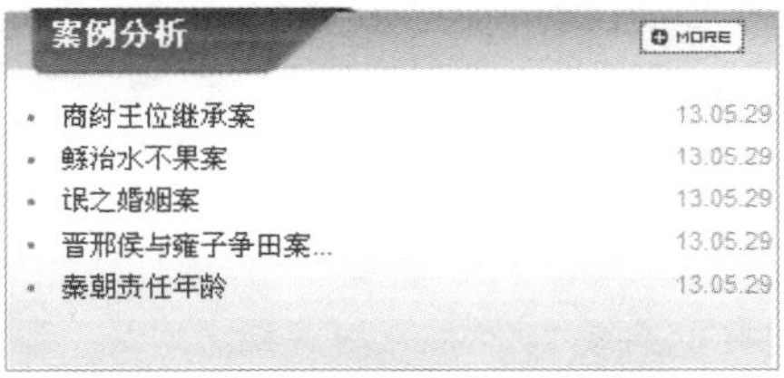

图 2-26　中国法制史案例分析 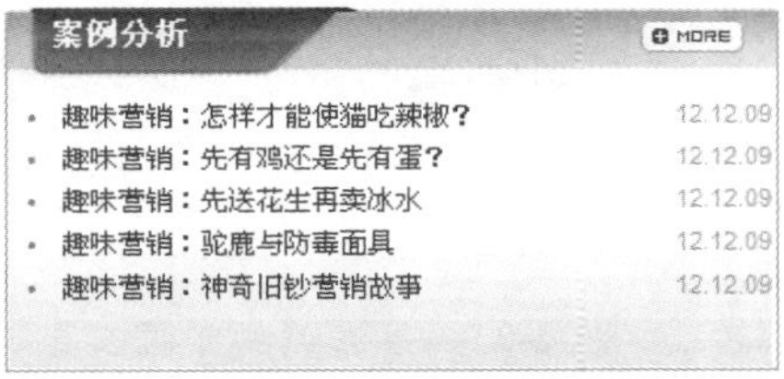　　　图 2-27　市场营销课程案例分析

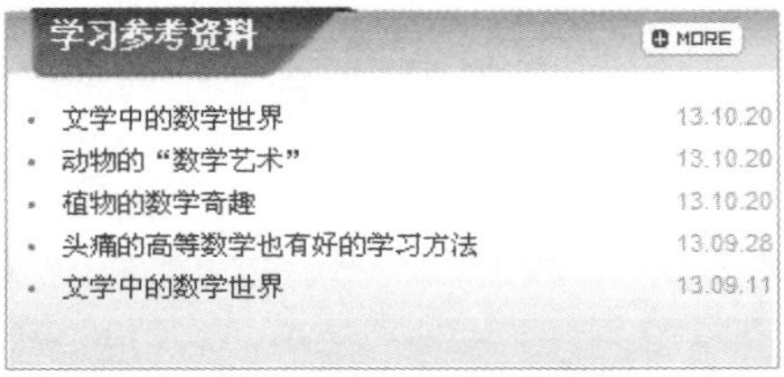

图 2-28　高等数学课程参考资料 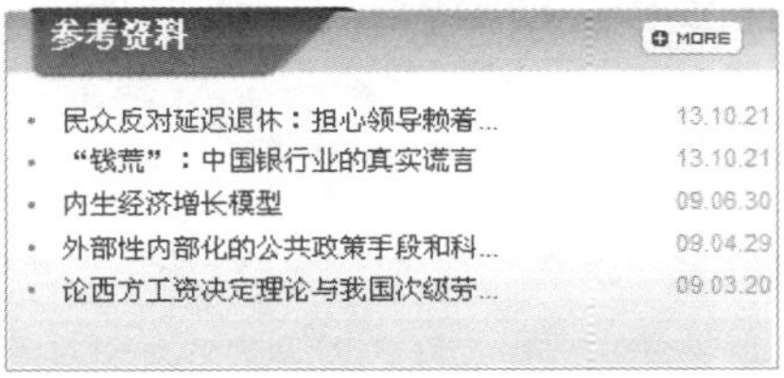　　　图 2-29　西方经济学参考资料

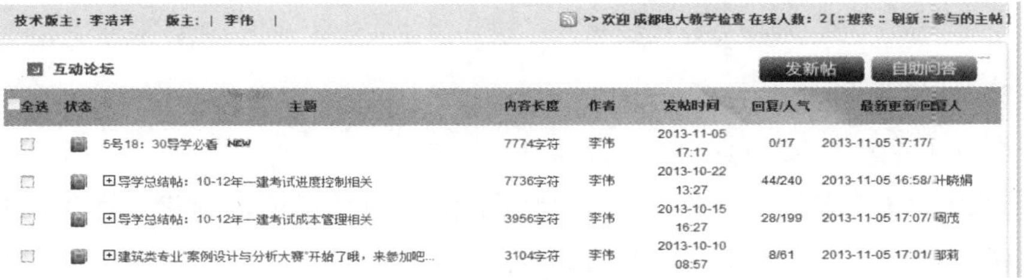

图 2-30　建筑工程项目管理执业资格考试资料

六是，网上资源的动态化。大部分课程的每个栏目都做到有新建更新，确保学生感受平台的变化。

七是，资源建设的网络化。除服务于 WEB 平台的相关资源外，已经开始注意利用多种媒体（如微信、微博、QQ 等载体）实现音、视、图等资源教学（见图 2-31），确保实现师生之间多种形式的交流。

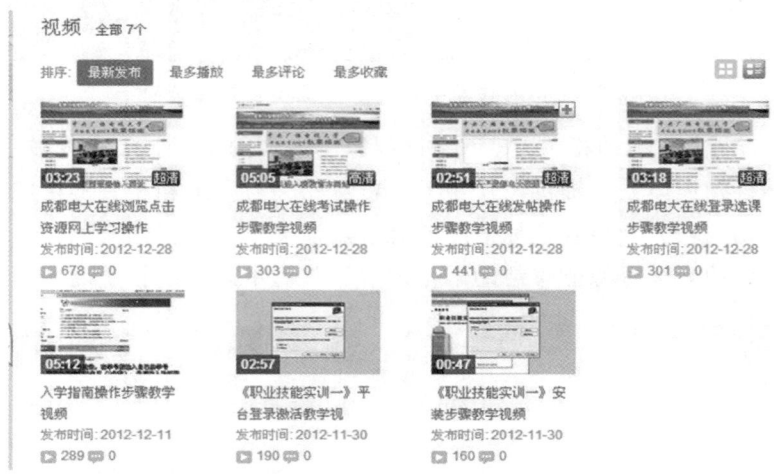

图 2-31　直属城南学院发布在优酷视频的各类网上学习指导视频

八是，网上资源建设的国际化。如"职业技能实训（一）"课程在辅导栏目中链接了网易公开课程，如图 2-32 所示。

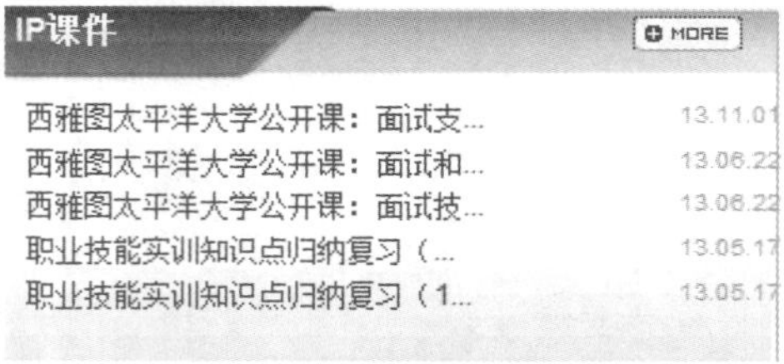

图 2-32　网易公开课程植入"职业技能实训（一）"课程平台

2. 网络课程资源应用

广义上的网络学习环境是指在网络学习中一切与学习者学习相关的物理环境、资源环境及人文环境等。成都电大网上教学资源的建设，主要从网上资源建设等方面进行系统构造，为学习者提供人人可学、时时可学、处处可学的学习环境。网上教学资源的使用，成都电大主要从引导和促进学生上网学习和强化办学单位的组织行为等方面开展工作，以营造良好的网上学习氛围，保证学生网上学习行为的发生和有效性，具体包含以下几方面。

一是，从学生层面。主要是将课程成绩与网上资源的使用直接挂钩，规定将学生课程在线学习时间和使用、浏览资源的次数作为课程有效成绩的重要构成部分（见图 2-33）。这部分成绩由省校在线平台系统自动认定后导入教务系统。目前，该项主要在省开课改课范围试行，效果进展突出。

在线活动成绩。
在线活动成绩满分为20分，由课程在线时间、浏览资源次数、论坛交流（发帖、回帖、跟帖）帖数等组成。
在线活动成绩 = 在线时间成绩*40% + 浏览资源成绩*40% + 论坛交流成绩*20%（比例为：40%、40%、20%）

构成	20分	15分	10分	5分	0分
课程在线时间（分钟）总分8分（20*40%）	超过60	40-60	20-40	10-20	10以下
浏览资源（次数）总分8分（20*40%）	超过30	20-30	10-20	5-10	低于5
论坛交流（帖数）总分4分（20*20%）	有效贴1	0	0	0	0

图 2-33　成都电大在线教学平台学习过程指标

二是，从办学单位层面。主要是动态公布办学单位组织学生上网学习的相关数据，包括各单位上网学习人数、登录次数、人均登录次数等基础指标和上述指标的排行榜。每年年终，对网上教学工作突出的单位给予奖励。

三是，从网络学习氛围营造层面。通过在主页开辟网络学习的数据流量查阅和有关指标动态排行、评选我心目中的好老师、为电大在线的优化献计献策、网上平台观察等丰富的活动来促进平台的有效使用。

六、数据挖掘

为了有效挖掘电大在线教学平台的各种运维数据，促进电大教育教学的良性循环，使"教—学—管"的"铁三角"关系更加紧密和相互促进，我们引入了第三方数据监控专家 CNZZ 对成都电大在线教学平台进行教学数据的动态监控。

（一）教学平台整体数据态势良好（2012—2015 年）

2012—2015 年，成都电大在线教学平台"流量分析-趋势分析"的整体数据逐年攀升，教学质量得到了充分检验（见图 2-34～2-37）。

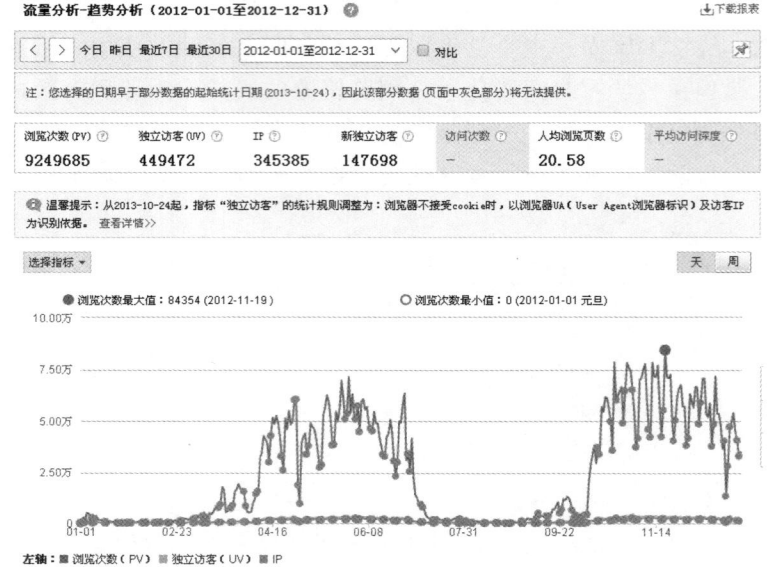

图 2-34　成都电大在线教学平台流量分析-趋势分析（2012 年）

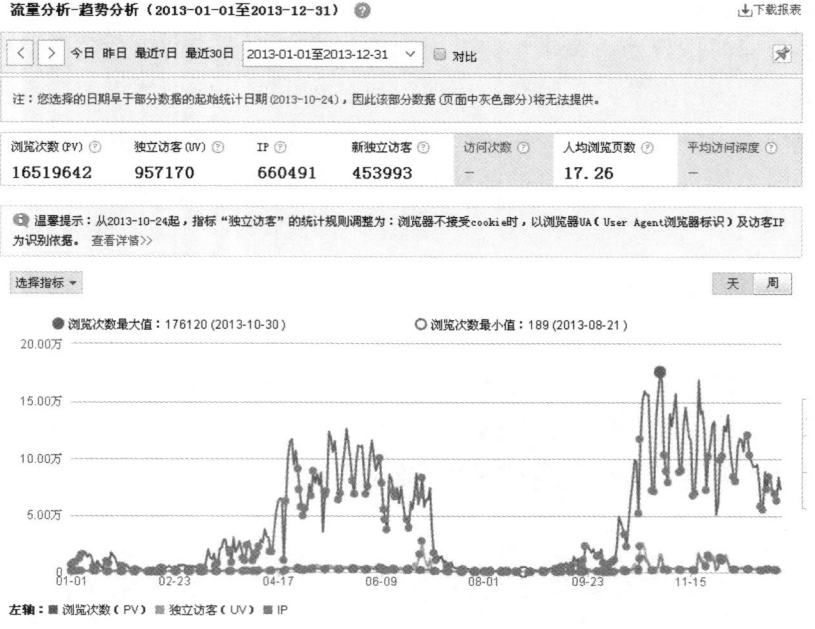

图 2-35　成都电大在线教学平台流量分析-趋势分析（2013 年）

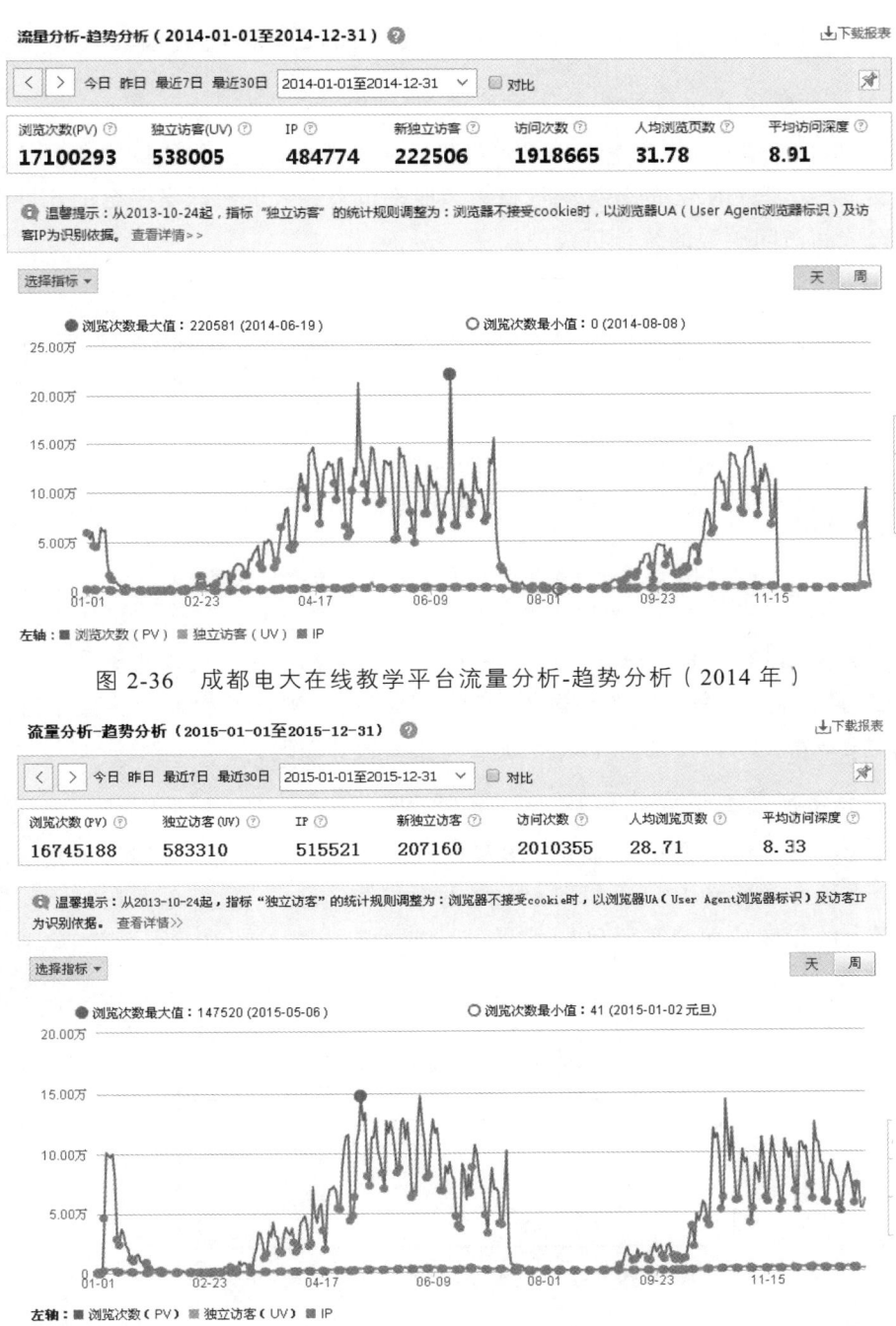

图 2-36　成都电大在线教学平台流量分析-趋势分析（2014 年）

图 2-37　成都电大在线教学平台流量分析-趋势分析（2015 年）

(二)教学平台各项指标纵向比较(2012—2015年)

1. 年度浏览次数和访问次数的纵向比较

从2009年起,成都电大积极建设优质网络课程,加速推进网络课程的应用实践。根据CNZZ的数据统计结果,成都电大在线课程教学平台的年度浏览次数和访问次数的统计折线图如图2-38所示。

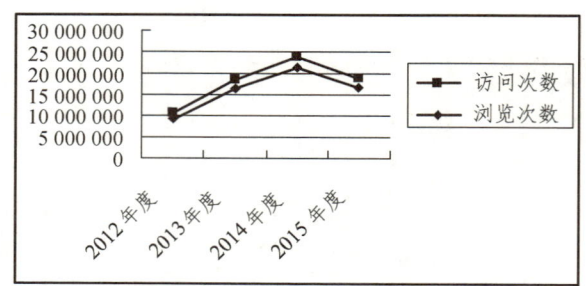

图2-38 成都电大年度浏览次数和访问次数纵向比较(2012—2015年度)

从图2-38中可以看出,2012—2015年,成都电大在线课程教学平台首页被访问的次数和访问者登进平台进行课程资源浏览的次数均突破千万大关,是成都电大办学历程中具有划时代意义的里程碑。

2. 年度独立访客数和IP数的纵向比较

为了充分证明四年中师生教学双方网络行为的真实性,我们将研究指标锁定在独立访客和IP上,根据CNZZ的数据统计结果,成都电大在线课程教学平台的年度独立访客数和IP数的统计折线图如图2-39所示。

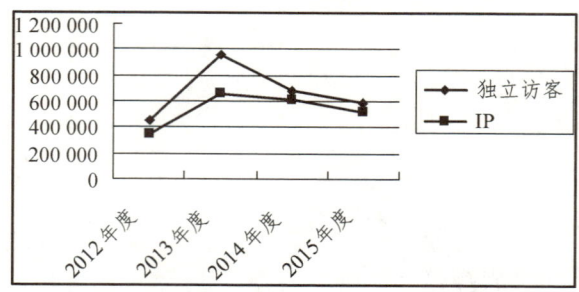

图2-39 成都电大年度独立访客数和IP数纵向比较(2012—2015年度)

从图 2-39 中可以看出，2012—2015 年，成都电大在线课程教学平台独立访客数和 IP 地址数登录平台进行课程资源学习量均突破 40 万大关，若按照成都电大在籍 5 万学生的数量进行计算，平均每一个学生会采用 8 个 IP 地址进行独立访问成都电大在线教学平台，这充分印证了成都电大"时时能学、处处可学、人人皆学"的办学理念和教育教学宗旨。

3. 年度人均浏览页数和平均访问深度的纵向比较

为了充分证明四年中师生教学双方进入平台后具体教学行为的真实性，我们将研究指标锁定在人均浏览页数和平均访问深度上，根据 CNZZ 的数据统计结果，成都电大在线课程教学平台的年度人均浏览页数和平均访问深度的统计折线图如图 2-40 所示。

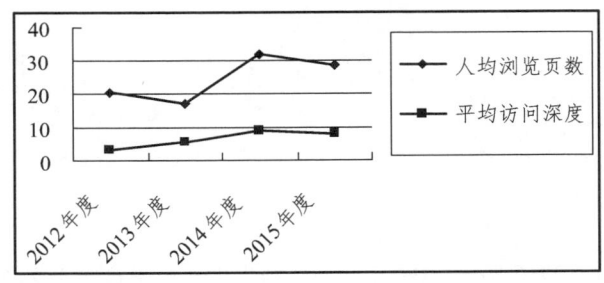

图 2-40　成都电大年度人均浏览页数和平均访问深度
纵向比较（2012—2015 年度）

从图 2-40 可以看出，2012—2015 年，成都电大在线课程教学平台年度人均浏览页数为 20～30，访问者对平台课程资源浏览学习的平均页面数超过 20 个，平均访问深度超过了 4，这充分说明成都电大课程平台资源的兴趣性、有效性和有用性。

（三）教学平台各项指标深度挖掘（2015 年）

2015 年，电大在线远程教学平台的教学秩序基本稳定，教学双方数据保持高位运行状态，发展势头良好，网上教学取得比较好的成绩。

1. 学生上网学习数据

据不完全统计，截止 2015 年 12 月 31 日成都电大在线教学平台的登录情况与 2014 年同期相比较如图 2-41 所示。

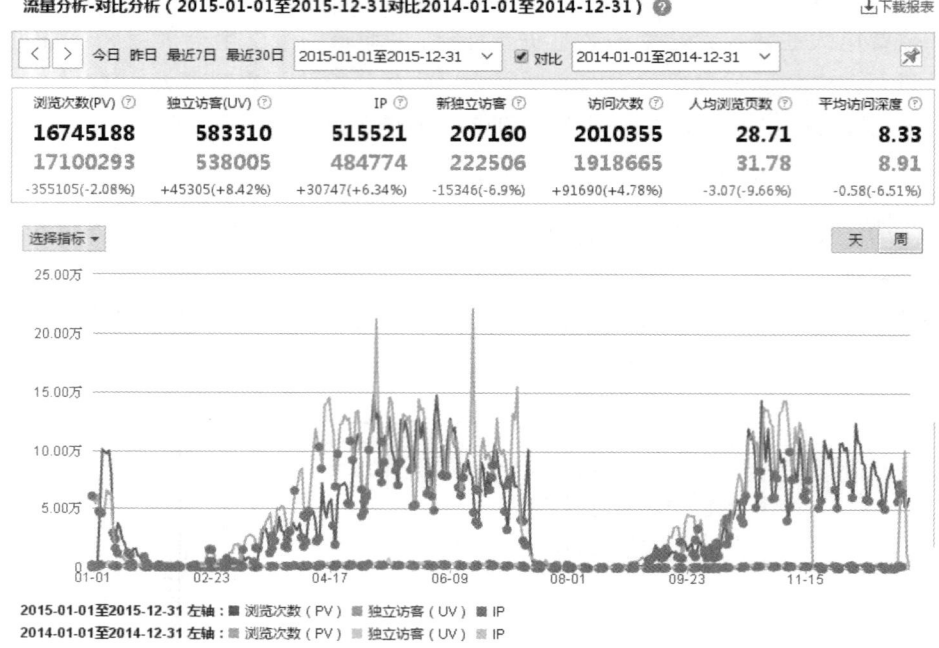

图 2-41　2015 年与 2014 年同期成都电大在线平台浏览次数对比

从图 2-41 中可以看出，2015 年全年浏览次数为 1674 万次，2014 年全年浏览次数为 1 710 万次，同期减少 35.5 万次，减少比率为 2.08%。主要原因是：2015 年春季学期成都电大有 22 门课程参加总部核心课程试运行，秋季学期大部分统设课程（无资源课程除外），学生学习已经转至国开学习网。根据总部统计的数据，2015 年春季学期 22 门试运行课程在国开学习网的浏览次数为 50 万次，秋季学期成都电大自行统计的 32 门核心课程浏览次数为 96 万次，其他课程暂未统计，估计超过 100 万次。因此，综合考虑各种因素，2015 年成都分部学生上网学习的浏览次数超过了去年同期。

2. 办学单位上网学习数据

2015 年，成都电大系统各办学单位积极促进本单位学生进行网上学习，涌现出办学单位浏览学习平台次数的前 20 强，这些基础数据全部纳入对各办学单位的年终教学考评奖励，见表 2-12。

表 2-12 2015 年成都电大在线教学平台被浏览次数前 20 强

序号	办学单位	浏览次数	占比%
1	直属学院一	2 247 519	18.45
2	彭州分校	1 098 256	9.01
3	青年职业学校	864 146	7.09
4	崇州分校	819 258	6.72
5	都江堰分校	753 421	6.18
6	信息管理学校	585 351	4.8
7	直属郭家桥	472 969	3.88
8	直属城东	442 623	3.63
9	龙泉本部	442 567	3.63
10	青羊分校	423 354	3.47
11	新津分校	407 490	3.34
12	新都分校	332 236	2.73
13	直属城中	315 688	2.59
14	双流分校	264 068	2.17
15	成都市建设学校	251 893	2.07
16	金堂分校	244 702	2.01
17	成都电大直属学院大邑分校教学点	219 460	1.8
18	温江分校	208 563	1.71
19	城西	192 808	1.58
20	成都市市政工程城建培训中心教学点	170 364	1.4

3. 教师网上教学数据

2015 年全年，全体教师在线时间为 107 057 分钟，折合 1 784 小时，登录次数为 10 880 次。其中，责任教师 57 人，新发布资源 6 793 篇，仅这些新发布资源就被浏览 813 857 次。教师发帖 2 482 个，被回复 11 684 次，被浏览 51 782 次，回复帖 83 242 个。

4. 网上非实时教学数据

以 2015 年秋季学期为例，有论坛发言的课程 573 门，帖子总数 76 465

帖，发帖用户 31 652 人次，回复率超过 70% 的课程有 77 门，回复率超过 50% 的课程有 125 门。其中，论坛帖子总数超过 100 帖的课程有 148 门，帖子总数 67 845 个，置顶 67 个，精华 25 个。

5. 网上实时教学数据

2015 年全年安排实时导学 510 场，涉及课程 193 门，平均每门课程 2.65 场。参与学生 3 939 人次，学生出帖 7 565 个，学生回复帖 1 594 个，教师出帖 3 741 个，教师回帖 6 516 个。师生总计出回帖 19 416 个。春季学期：超过 100 人次的课程达 3 门，50~100 人次的课程有 12 门；秋季学期：超过 100 人次的课程达 4 门，50~100 人次的课程有 6 门。

全年共安排在线直播 220 场，其中，课程直播 166 场次，毕业论文远程答辩 37 场次，在线培训 17 场次，涉及课程 70 门，参与师生 3 237 人次。

七、管理监控

为确保网上教学的良性循环，成都电大从网上教学机制建设、网上教学资源管理、网上教学活动管理、网上学习支持管理、网上学习环境营造等多维视角进行落实，提升了基于电大在线和国开学习网的学、教、考、管的品质。

（一）网上教学机制建设

成都电大在连续五年网上教学取得显著成效、网上教学已经常态化的背景下，通过继续夯实网上教学基础性工作，坚持科学规划与分级管理，努力探索和创新教学机制，营造良好的网上教学环境。

1. 继续夯实网上教学基础性工作

成都电大继续从教学信息公开化、课程资源更新、课程答疑及时化、实时导学规范化、教学数据公开化等方面加强基础性工作的落实，确保网上教学的有序进行。以实时导学教学为例，主持教师制定导学计划后，由教务处上网征询办学单位意见，选择后公开相关信息，主持教师事先将导学背景材料提交平台，以保证学生在学习后参加实时导学。

1）网上日常辅导答疑情况

从落实上看，主要是教师要寻找学生的兴趣点、兴奋点及热点话题，利用课程论坛空间主动引导和开展网上学与教互动活动。部分课程教师利用此空间上传学生喜闻乐见的各种辅助性学习材料、课程形成性考核和评析、各种社会考试的评析材料、如何借助论坛开展学习交流的方法等主题帖为学生提供支持服务。从监控上看，主要是统计课程责任教师在不同课程单元的在线时间、上线浏览次数、发帖数、课程主题帖被点击次数、资源发布数和被浏览数、组织实时导学的次数等，可以分别对各项指标从高到低进行排序，分析教师在不同课程之间分配的时间和精力及学生利用的情况等。

2）网上实时导学情况

从落实上看，每学期第二周内以教学部为单位完成网上实时导学的安排并提交教务处，教务处将审查合格的安排全部上传到网上，按五天时间提前滚动显现，方便学生从主页直通查看。同时，以学校名义将实时导学安排成文件。办学单位根据实时导学安排，结合专业和课程选定参加场次并报教务处备案，组织一定数量的学生按时参加讨论。从监控上看，主要是从事前、事中、事后三个环节对网上实时导学进行过程性监控。事前的导学安排监控：教务处从导学课程在专业中的分布、导学主题是否与课程和实际相结合、导学时间在学期内的月度分布、周度分布及时间段分布等进行审查。事中的导学实施现场监控：教务处指定专人或聘请观察员随机进入导学现场，跟踪导学实施情况。事后的导学统计监控：通过平台自动统计和人工统计两个途径。自动统计：一是，平台将实时导学按开始时间和结束时间自动统计并生成导学交流记录；二是，平台对教师组织实时导学总体情况进行统计。

2. 科学规划与分级管理

对学生在平台的登录次数、在线时长、在线浏览资源、在线参加论坛交流等已经形成了比较有效的分部、办学单位、学生之间的三级联动管理机制。秋季学期，逐步将这种有效的管理联动机制复制推广至在线直播、在线交流与讨论等环节，并拟全面扩大至网上教学的其他领域。

3. 努力探索和创新机制

在有序增加国开学习网的核心课程基础上，结合 Moodle 平台的特点，适度推进课程的在线直播、课程讨论、课程聊天、WIKI 协作等教学活动，通过对教师、学生和管理人员的平台技能培训，使全系统师生和管理人员尽快适应基于 Moodle 平台的教学环境，充分发挥和彰显 Moodle 平台资源聚合、活动学习协作、功能整合等作用。

4. 经费保证和鼓励机制

以实时导学为例，教师组织一场 1 小时的实时导学，学校按 1 个学时核算教学工作量，在线直播按 45 分钟折合 3 个学时核算教学工作量，制作微课程或微视频，每 15 分钟折合 3 个学时核算教学工作量。2015 年春季学期尝试实施了在线直播课程，分部责任教师最低选择一门课程安排不低于两次的直播，每次直播时间半小时折合 3 个学时，直播后如果在网上现场互动，按 1 个学时计算工作量。2015 年秋季学期加大了在线直播的力度，分部责任教师的直播时长由半小时调整为 45 分钟。

（二）网上教学资源管理

成都分部主要从网上资源的更新、网上资源的有用性和有效性、网上资源的结构、直播课录制和微课程录制等环节入手，保证各类网上教学资源的数量和质量。

1. 网上资源的更新

成都电大十分重视网上资源的更新，要求责任教师每月都需要对网上资源进行更新，网上资源时间超过一年的都要重新整理并重新上传。

2. 网上资源的有用性和有效性

一是，加大在线直播课录制和微课程录制。在硬件方面，学校专门租赁了一套简单和使用方便的直播系统，购买了一套微课程制作系统。在软件方面，要求教师每学期在线直播 2 次以上，同时，鼓励教师在直播的同时录制视频资源，供学生在线回看，可以置换面授教学工作量，微课程建设与制作要求教师选择一门课程制作 10 讲以上的微课程，将其纳入教学管理部门的年度目标。

二是，注重网上文字资源的数量规模和表现形式。从数量规模上，要求资源尽量短小、精简、精彩、实用、有趣；从表现形式上，要求资源丰富多彩，尽可能通过颜色、图片、动画等形式展现。

（三）全方位、精细化的教学支持服务工作

1. 面向全系统的多维支持服务

一是，课表信息公告。成都电大在线主页动态提供总部和分部的网上实时教学课表，并直接链接分部的在线直播表、面授辅导课表及精彩课堂、电视课堂等教学信息（见图 2-42）。

图 2-42　2015 年网上互动、面授辅导及在线直播课表

二是，学校 QQ 支持服务。为提高教学服务质量，掌握学习平台用户使用信息，成都电大于 2015 年年初正式开通了学校官方 QQ，涉及招生、学籍、学习支持服务、技术支持服务、考试成绩查询等方面的个性化问题解答。2015 年 10 月，学校根据教学实际情况要求，在原有 6 个服务号的基础上又增加了 3 个号，全方位实现招生、学籍、考试、教学、技术等方面的在线即时服务功能，更好地服务学生和用户。截止 2015 年年底，共解决一对一的 QQ 服务

支持 1 429 人次,企业 QQ 所有工号对话成功 2 882 次,远程帮助学生教师解决平台问题 468 次,同时,该 QQ 还对成都电大在线网站实现了动态监控。

2. 课程内的教学支持服务

学生登录课程平台,可获得温馨提示、上网上线时间、浏览资源次数、发表交流帖数、在线考试链接等多种在线支持与服务。

一是,学生登录课程界面时,能看见有关学习和完成考试的相关提示(见图 2-43)。

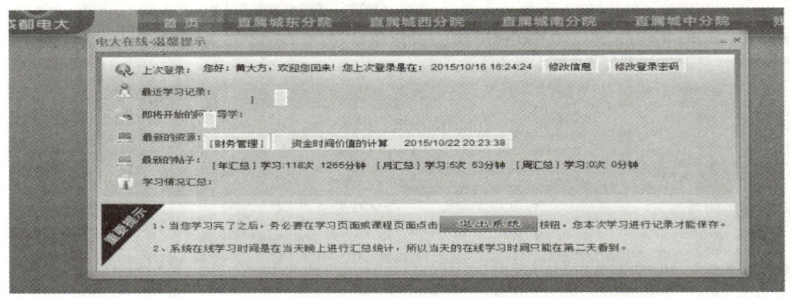

图 2-43　成都电大平台课程内的登录课程界面支持服务

二是,教师对课程答疑帖进行分类管理,便于学生查阅学习(见图 2-44)。

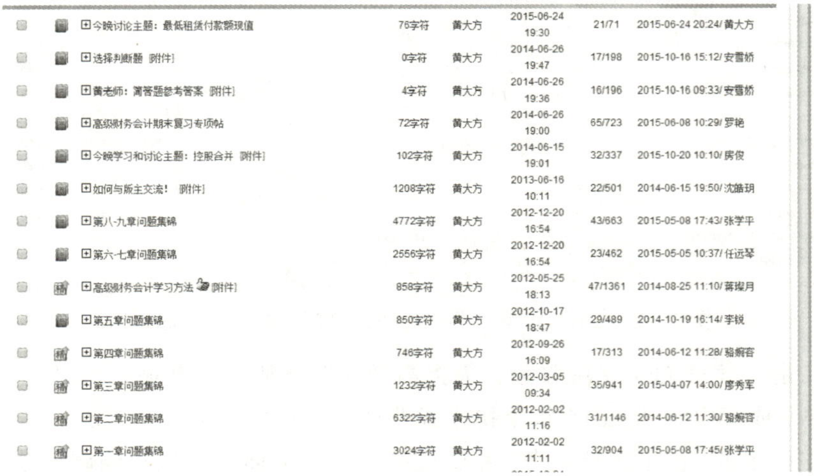

图 2-44　成都电大平台课程内的课程答疑帖教学支持服务

三是,课程论坛版主将优质的帖子置顶和加精,便于学生查阅学习(见图 2-45)。

		主题	内容长度	作者	发帖时间	回复/人气	最新更新/回复人
☐	❋	⊞ 企业合并分类	3814字符	陈皎	2014-01-13 16:41	1/13	2014-01-16 14:22
☐	❋	⊞ 企业合并的动机是什么?	22字符	彭静	2014-01-08 20:04	1/12	2014-01-18 13:08
☐	❋	⊞ 为什么将外币报表这算列为高级财务会计研究的课题之一…	844字符	彭静	2014-01-08 20:04	1/13	2014-01-16 14:24
☐	❋	⊞ 现行成本会计的特点具有哪些特点?	664字符	彭静	2014-01-08 20:04	1/15	2014-01-16 14:24
☐	❋	⊞ 如何确定未确认融资租赁费用分摊率	516字符	金鑫	2014-01-08 19:58	1/13	2014-01-16 14:26
☐	❋	⊞ 投机套利与套期保值有何不同?会计上应如何处理?	520字符	金鑫	2014-01-08 19:57	1/18	2014-01-16 14:26
☐	❋	⊞ 同一控制与非同一控制合并的价值取向	1932字符	黄大方	2014-12-03 19:01	34/258	2013-12-09 11:36
☐	❋	⊞ 长期股权投资核算成本法(整理)	2402字符	黄大方	2014-12-03 11:28	0/9	2013-12-03 11:28

全选	状态	主题	内容长度	作者	发帖时间	回复/人气	最新更新/回复人
☐	📌	⊞ 导学主题:案例分析	24字符	周琳	2015-05-08 09:18	152/716	2015-10-23 06:18/刘应书
☐	📌	⊞ 导学须知	1088字符	周琳	2015-05-08 09:21	50/272	2015-10-21 23:56/周忠平
☐	📌	⊞ 案例1、王先生行为是否合乎礼仪?	522字符	周琳	2015-05-08 09:22	149/797	2015-10-21 23:15/周忠平
☐	📌	⊞ 案例2、请指出M小姐的失礼之处?	494字符	周琳	2015-05-08 09:23	123/501	2015-10-22 15:25/张曾锐
☐	📌	⊞ 案例3、你能帮她找出问题所在吗?	422字符	周琳	2015-05-08 09:24	105/409	2015-10-21 09:38/黄海燕
☐	📌	⊞ 案例4、你知道杨林没有被录取的原因吗?	696字符	周琳	2015-05-08 09:26	77/368	2015-10-21 23:55/周忠平
☐	📌	⊞ 教师每周一帖 你知道如何正确握手吗?	1252字符	周琳	2015-03-19 10:37	91/425	2015-07-14 20:52/蔡兴娟
☐	📌	⊞ 如何在这里交流!	1298字符	周琳	2014-03-13 15:28	187/1794	2015-09-27 19:28/田艺
☐	📌	⊞ 请同学们帮助老师回复学生的帖子,回帖=发帖,同样计…	0字符	周琳	2014-04-01 09:00	179/1601	2015-07-09 11:51/蒋凤
☐	📌	⊞ 同学们请使用"自助问答",它将以最快的速度回答你的…	394字符	周琳	2013-06-24 10:50	369/3729	2015-07-09 14:57/王菊
☐	📌	公共场合礼仪有哪些?	22字符	贺元超	2015-10-22 23:56 2015-10-22	0/0	2015-10-22 23:56/
☐	📌	⊞ 第一次形考练习题	3288字符	李伟	2012-11-21 21:22	380/3431	2015-07-14 11:40/刘开国
☐	📌	⊞ 第二次形考练习题	4014字符	李伟	2012-11-21 21:22	200/1998	2015-07-14 11:41/刘开国
☐	📌	⊞ 第三次形考练习题	4524字符	李伟	2012-11-21 21:23	192/1427	2015-07-14 13:45/刘开国
☐	📌	⊞ 自助问答已建好,常规问题请进入"自助问答"提问,会…[附件]	0字符	李伟	2012-11-08 18:51	87/617	2015-07-14 13:48/刘开国
☐	📌	⊞ 成都电大在线考试系统学生考试操作步骤 [附件]	12字符	李伟	2012-10-29 16:21	85/415	2015-07-14 21:46/吴耀
☐	📌	⊞ 2011年监理工程师资格考试案例分析	1694字符	李伟	2012-10-26 14:10	128/916	2015-07-14 21:48/吴耀
☐	📌	⊞ 2011年监理工程师资格考试质量、安全案例分析	1256字符	李伟	2012-10-26 14:06	126/614	2015-07-14 21:49/吴耀

图 2-45 成都电大平台课程内的置顶和加精教学支持服务

(四)网上学习环境营造

1. 成都电大在线课程教与学行为英雄榜

在电大在线主页,我们设置有按年、按月、按周分类的课程论坛排行、课程资源排行、学生在线时间排行、教师出帖排行,用以营造良好的网络学习氛围(见图2-46)。

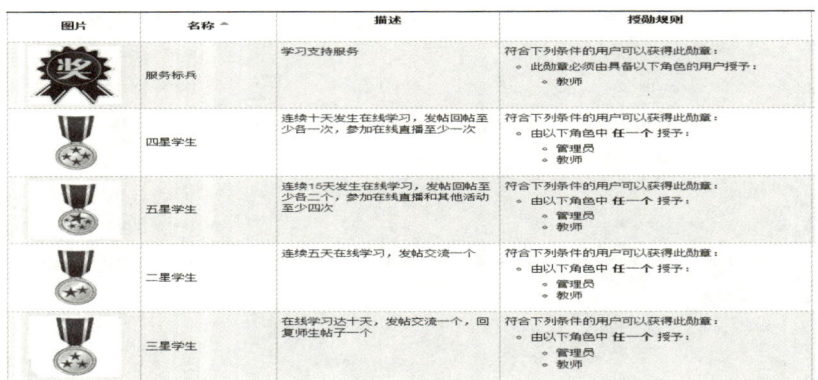

图 2-46 成都电大在线课程教与学行为英雄榜

2. 国开学习网课程学习勋章管理

在会计学本科的"财务报表分析""会计制度设计""会计管理模拟实验"等课程实施了勋章管理,分别设置了星级学生勋章和支持服务勋章等,如"会计管理模拟实验"课程设置了五星学生、四星学生、三星学生和课程服务标兵等勋章(见图 2-47)。

图 2-47 国开学习网课程学习勋章管理

3. 继续推进网上教学观察员工作

一是，继续推行电大在线观察员督导工作。自2012年启动网上教学观察员督导工作以来，对推进电大在线的教学工作起到了比较好的反馈和监督作用。

二是，进行国开学习网试点观察员督导工作。专门设置一个教务处专用账号，并且授权其为观察课程的责任教师，既负责对责任教师的工作进行跟踪观察和预警监督，又在责任教师不在线时临时承担直接教学支持工作。同时，还在直属分校申请了一个辅导教师专用账号，负责对重点课程进行跟踪观察和预警监督，及时提供课程运行的基本数据（见图2-48）。

电大在线观察员

国开学习网观察员

图2-48 网上教学观察员监控学习平台

4. 奖励网上教学的先进师生

为促进师生网上教学和营造良好的氛围，成都电大专门添置了印有成都广播电视大学 LOGO 的学习用品，对网上学习和网上教学表现突出的师生进行奖励（见图 2-49）。

图 2-49　成都电大网上学习之星奖品

通过建立和健全上述相关管理机制，成都电大的网上教学取得了较好的成效。

（五）教学质量信息的采集、分析与反馈情况

成都电大组织相关机构理顺了电大在线升级改造思路，服务开放教育教学改革，从用户认证、学习资源检索、教学活动组织、教学行为统计分析等诸多方面对现有电大在线平台进行了升级改造，适应了教育教学改革的要求。

1. 改造教学平台，完善教学功能

（1）帮助信息线索化，从学生获取学号到上网选课学习，提供完整的帮

助信息。

（2）提供多元化登录方式，学生可以将"学号+生日"的登录方式捆绑QQ号，直接使用QQ登录，或QQ登录后直接登录电大在线（见图2-50）。

图 2-50 使用 QQ、微博等方式登录电大在线平台示意图

（3）增加大量诸如"在线讨论""专题研讨""直播课堂"等互动栏目，所有互动栏目的组织、安排、参与均实现动态管理，教师自主管理（见图2-51）。

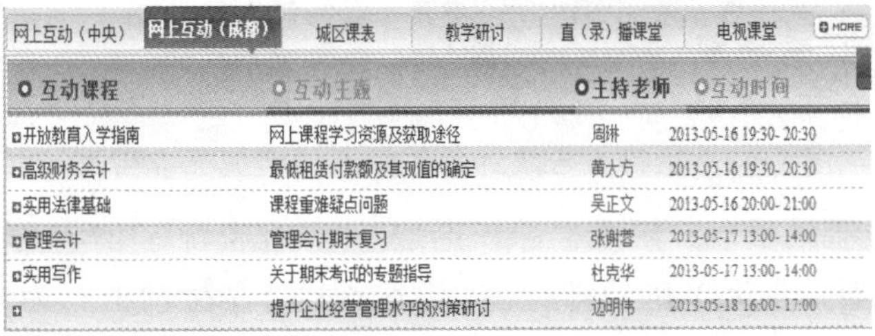

图 2-51 "电大在线"增设互动栏目示意图

（4）综合应用教学平台数据形成丰富的用户查询和报表反馈功能，面向学生，提供成绩（在线和传统考试）、选课、毕业信息、学籍信息、在线学习情况等查询；面向教师，提供教学行为查询；面向管理用户，提供各办学单位、学生、教师平台应用数据查询（见图2-52）。

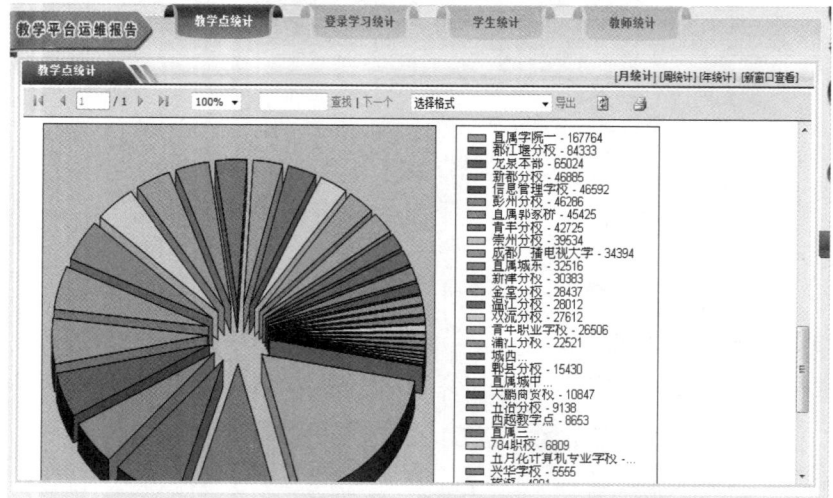

图 2-52 运维报告统计的教学点访问情况（实时）

（5）构造激励机制，形成"课程论坛""课程资源""学生学习""教师出贴"等以周、月、年为单位的排行榜，激励教师、学生网上行为（见图 2-53）。

图 2-53 "电大在线"四类排行榜统计（实时）

（6）形成教学平台运维报告制度，以周、月、年及任意时段为时间维度坐标，以教学点、教师、学生为查询分析对象，以登录次数、在线时长、网上行为为查询内容，形成实时查询报表服务功能，为教学平台的管理运维提供支撑。

（7）支持学校对学生网上学习过程的管理，形成相应的支撑机制，通过对网上学习行为的准确记录，综合考评形成学生形成性成绩，促进教学模式的改革和探索（见图2-54和图2-55）。

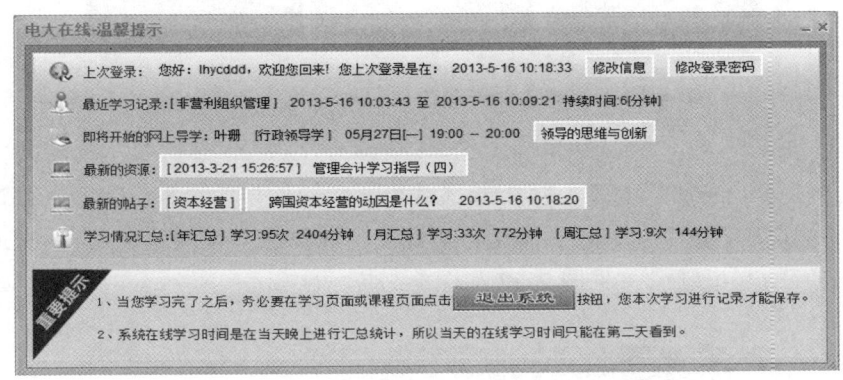

图 2-54 "电大在线"学生登录首页入门提醒

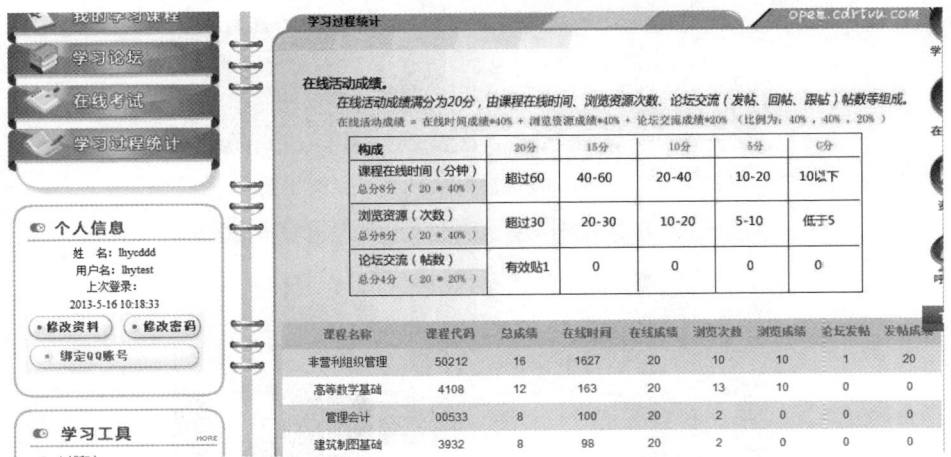

图 2-55 "电大在线"学生学习界面学习过程统计页面

（8）公共服务平台在线考试、双向视频会议、直播录播、移动终端学习等功能面向"电大在线"开放整合（见图2-56）。

图 2-56　公共服务平台手机终端"电大在线"版

2. 沿用在线考试，教学测评一体化

2011 年，成都电大购入在线考试系统，经过 6 年的运行，省开选修课程的 100%实现了教、学、测一体化，实现了选修课程"全网络化学习+全网络化考试"的有机结合（见图 2-57 和图 2-58）。

图 2-57　成都电大在线考试系统登录界面（支持手机和平板登录）

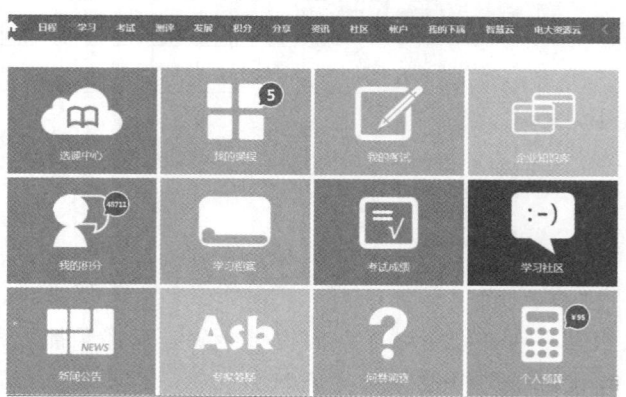

图 2-58　成都电大在线考试系统管理界面

3. 引入数据专家，全面监控教学数据

成都电大教学平台引入数据专家 CNZZ，促进学生终身学习，全面监控教学数据，教学网站应用数据屡创新高（见图 2-59 和图 2-60）。

（1）实时在线人数日均值超过 2 600 人。

（2）年登录教学平台次数超过 100 万人次。

（3）论坛交互年均 15 万次。

（4）2014 年 1 月—12 月教学平台浏览次数超过 2 000 万人次。

（5）2015 年 1 月—12 月教学平台浏览次数超过 1 600 万人次。

图 2-59 教学平台日均访问量 CNZZ 查询结果（2014 年度）

图 2-60 教学平台日均访问量 CNZZ 查询结果（2015 年度）

第三章

基于线上线下融合的课堂教学与考核的实践检验

为了有效推动基于线上线下相融合的课堂教学与考核的"1+6"教学模式实践应用后的效果检验,通过对学生进行满意度测评和考试成绩分析等手段来全面检验"1+6"教学模式的实践效果。

一、学生满意度测评结果较满意

2014年年底,笔者实施了本科学生课程满意度调查,在网上发行了近1 000份调查问卷。从调查结果分析,90%的本科学生对基于线上线下相融合的课堂教学与考核及其课程学习比较满意。表3-1为满意度调查问卷的默认报告。

表3-1 本科学生课程满意度调查问卷默认报告

时间:2015年1月21日
调查背景: 参考资料
调查方法:
开始时间:2014-11-20 结束时间:2015-1-21
样本总数:951份
原始数据来源:http://www.sojump.com/report/4078971.aspx?qc=

本报告分析内容:自定义查询
本报告样本筛选规则:
本报告包含样本数量:951份

数据与分析:
第1题 请选择专业及课程 [单选题]

选项	小计	比例
社会工作 —— 社会学概论	21	2.21%
卫生事业管理 —— 公共关系学	2	0.21%
金融学 —— 西方经济学（本）	26	2.73%
工商管理 —— 金融学	142	14.93%
土木工程 —— 土木工程CAD	79	8.31%
汉语言师范 —— 教育学	5	0.53%
学校管理 —— 教育心理学	5	0.53%
行政管理 —— 政府经济学	153	16.09%
会计学 —— 财务报表分析	132	13.88%
物流管理 —— 企业战略管理	3	0.32%
教育管理 —— 现代教育管理专题	176	18.51%
小学教育 —— 现代教育原理	10	1.05%
法学 —— 国际私法	41	4.31%
学前教育 —— 儿童心理学	101	10.62%
护理学 —— 内科护理学（本）	14	1.47%
汉语言文学 —— 古代诗歌散文专题	3	0.32%
市场营销 —— 消费者行为学	9	0.95%
广告 —— 广告策划	0	0%
英语 —— 高级英语阅读（2）	1	0.11%
机械设计制造及其自动化 —— 计算机绘图（本）	23	2.42%
计算机科学与技术 —— 计算机网络（本）	4	0.42%
数学与应用数学 —— 计算方法（本）	1	0.11%
本题有效填写人次	951	

第6题 我清楚了解本课程的学习目标和学习要求 [单选题]

选项	小计	比例
同意	798	83.91%
基本同意	151	15.88%
不同意	2	0.21%
本题有效填写人次	951	

第7题　通过参与学习活动，我感到很有收获　[单选题]

选项	小计	比例
同意	755	79.39%
基本同意	196	20.61%
不同意	0	0%
本题有效填写人次	951	

第8题　老师通过论坛、电话、邮件等多种形式对我进行辅导与答疑　[单选题]

选项	小计	比例
同意	718	75.5%
基本同意	231	24.29%
不同意	2	0.21%
本题有效填写人次	951	

第9题　老师能够及时批改我提交的作业，而且老师的作业反馈有助于促进我的学习　[单选题]

选项	小计	比例
同意	689	72.45%
基本同意	260	27.34%
不同意	2	0.21%
本题有效填写人次	951	

第10题　学习过程中，我经常会得到老师的提醒和督促　[单选题]

选项	小计	比例
同意	726	76.34%
基本同意	222	23.34%
不同意	3	0.32%
本题有效填写人次	951	

第11题　我认为本课程的考试形式比较得当　[单选题]

选项	小计	比例
同意	681	71.61%
基本同意	264	27.76%
不同意	6	0.63%
本题有效填写人次	951	

第 12 题　遇到不会操作的技术问题，我可以得到及时的帮助　[单选题]

选项	小计	比例
同意	705	74.13%
基本同意	244	25.66%
不同意	2	0.21%
本题有效填写人次	951	

第 13 题　我觉得本课程的内容通俗易懂，很实用　[单选题]

选项	小计	比例
同意	672	70.66%
基本同意	276	29.02%
不同意	3	0.32%
本题有效填写人次	951	

第 14 题　我觉得本课程的学习资源丰富好用　[单选题]

选项	小计	比例
同意	683	71.82%
基本同意	264	27.76%
不同意	4	0.42%
本题有效填写人次	951	

第 15 题　整体上，我觉得本课程有效地促进了我的学习，增强了我对这个领域的学习兴趣，我对这门课程非常满意。　[单选题]

选项	小计	比例
同意	675	70.98%
基本同意	273	28.71%
不同意	3	0.32%
本题有效填写人次	951	

二、学生在线测评成绩稳定上升

2016 年春季，对国开学习网 50 门网络核心课程实施了在线形考成绩的随机抽样，抽检了采用"线上线下相融合的课堂教学与考核"模式进行课程设计的在线课程。通过分析发现学生在线测评成绩呈现稳定上升的态势，学习效率较高，学习效果较好。下面以 2016 年春"社会调查研究与方法"网络核心课程的 892 名学生样本为例进行效果呈现，如图 3-1 所示。

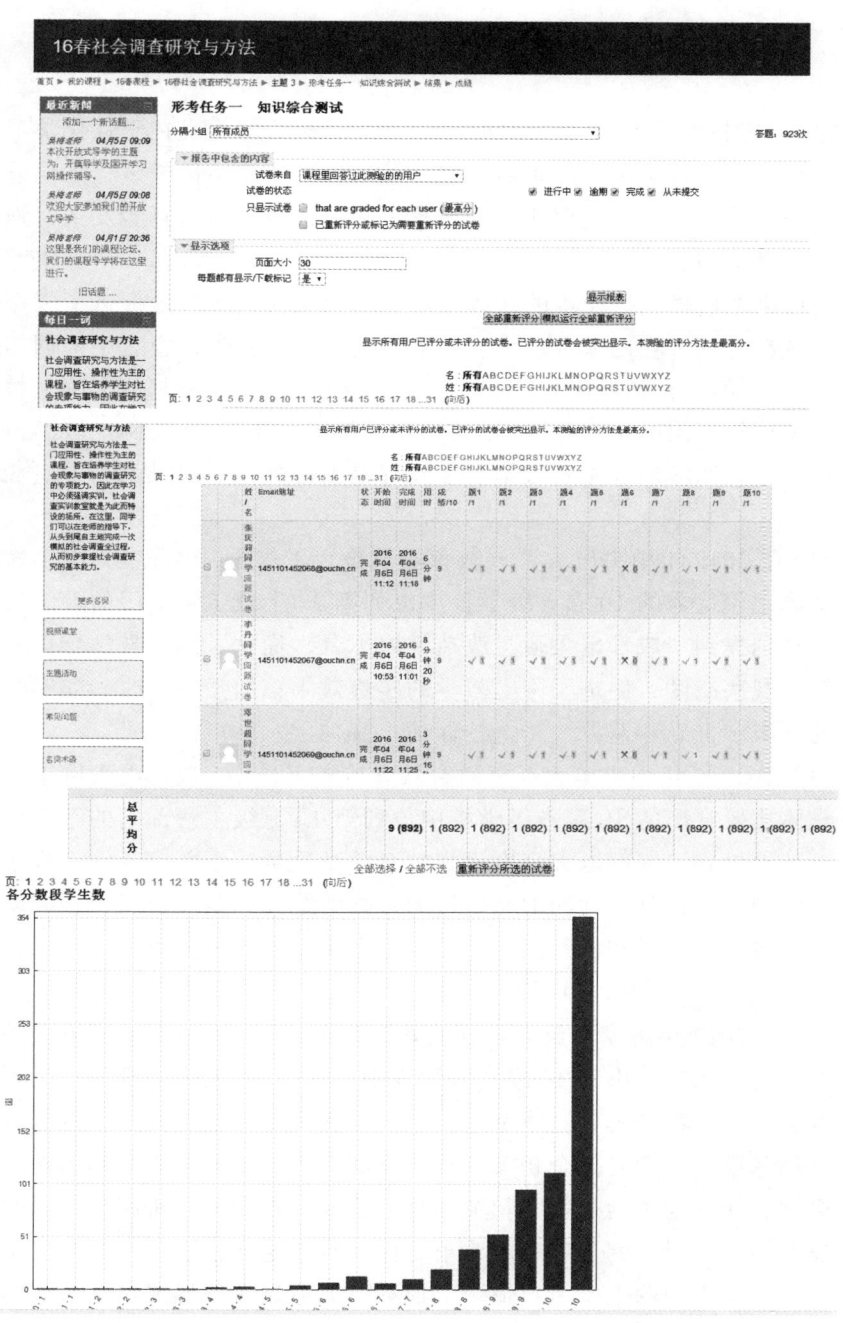

图 3-1　2016 年春季"社会调查研究与方法"网络核心课程形考成绩分析

三、中央电大网检成绩逐年攀升

"基于线上线下相融合的课堂教学与考核"模式的重心在于强化学习过程和学习行为的有效发生，逐步弱化"一锤定音"的终结性考试，强化过程和弱化终端的教育教学考核模式有助于学生学习过程行为的真实发生，强化学生过程化成绩的有效产生。

过程化考核强化了学生的在线学习和随学随考，极大地促进了国家开放大学（成都分部）在国家开放大学一年一度的网上教学检查之中屡创佳绩。

（1）在2011年中央电大开放教育教学检查工作中，成都电大网上教学工作在总体比较突出的10家省级学校中位列第6，与2010年网上教学检查相比，进步比较明显的6家省级学校中成都电大位列第1。（电校评估〔2012〕06号）

（2）在2012年中央电大开放教育教学检查工作中，成都电大网上教学工作在总体比较优秀的10家省级学校中位列第3。上级主管部门的教学检查通报中，特别提到"成都电大通过改造学习平台，优化了网上教学环境；通过网上教学观察制度，促进了网上教学的实施效果；加强了实时和非实时教学活动的组织、督导和监控"。（电校评估〔2013〕2号）

（3）在2013年中央电大开放教育教学检查工作中，成都电大网上教学工作在总体比较突出的10家省级学校中位列第1。上级主管部门的教学检查通报中，特别提到"成都电大高度重视教育教学质量，不断完善网上教学的基本规范和制度，充分发挥网上教学行为数据的统计和跟踪作用，在调动师生参与网上教学、形成和活跃网上学习氛围方面做了积极努力，取得了较好效果"。（电校评估〔2014〕4号）

（4）在2014年国家开放大学开放教育教学检查工作中，成都电大网上教学工作在总体比较突出的10家省级学校中位列第1。上级主管部门的网上教学检查通报中，特别提到"成都电大进一步加大督导检查力度，在既有常态检查机制基础上，建立健全相关管理制度和分部与学习中心之间的网上教学联运机制，建立健全网上教学相关信息的公开、查询、分析制度，同时加大非统设课网上学习与网上考试的改革力度，有效地促进了学生的网上学习意愿，培养了学生的网上学习习惯"，"成都电大通过多种形式对全系统的教学管理人员及班主任进行基于学习网的技能培训；积极探索网络、面授、小组

学习、课程实践之间的有效融和"。(国开支持〔2015〕2号)

（5）在2015年国家开放大学开放教育教学检查工作中，成都电大网上教学工作在总体比较突出的10家省级学校中位列第1。上级主管部门的网上教学检查通报中，特别提到"成都分部对网上教学机制建设、网上教学资源管理、网上教学活动管理、网上学习支持管理、网上学习环境营造等多维视角进行落实，提升基于电大在线和国开学习网的教学、考核、服务的品质。对于试运行的32门网络核心课，责任教师在教学设计、平台布局、资源应用、活动设计、教学实施等诸多环节进行探索和实践"。(国开支持〔2016〕3号)

（6）在2016年国家开放大学开放教育教学检查工作中，成都电大网上教学工作在总体比较突出的10家省级学校中位列第1。上级主管部门的网上教学检查通报中，特别提到"成都分部不断提升基于学习网的学习、教学、考核、服务和管理的质量；强调课程资源建设的实用性；围绕师生'上线、资源、活动、形考'等元素，通过网上教学数据的监控、采集、分析、公开等措施分析评价网上教学的效果；重新制定了教师工作量考核办法、实践教学管理办法、教师教学绩效考核办法等制度，进一步规范教学。江苏分部进一步健全了网上教学的规章制度，完善了教学过程的'导、助、促、评'体系；加强教学团队建设，基本形成了结构合理的师资队伍；通过持续培训和激励，实现了教学和教学管理工作质量和内涵的有效提升"。(国开评估〔2017〕4号)

第二篇

充分利用"互联网+"开展在线教学活动的

实践探索与研究

在加快城市电大向城市开放大学转型，促进远程教育发展的过程中，围绕教学质量提升这条主线，如何构建网上教学与管理工作的长效机制和适宜交流的学习环境，丰富和活化基于"互联网+"下教学平台的网上非实时导学和实时导学活动，提高学习者与学习内容、与教师、与其他学习者之间交互的质量，提高人才培养的质量，是远程教学和教学管理面临的一个重要课题。

笔者从 2011 年开始，以学校的省开课程考试改革为突破口，全力推动成都广播电视大学学历教育板块学生的教学改革和教学创新，通过大量的线上与线下相融合的教学实践，本着"边实践、边总结、边提升"的工作原则，形成了成都广播电视大学独具特色的"充分利用'互联网+'开展在线教学活动的实践探索与研究"教学成果，推动学校网上教学工作屡创佳绩，在中央电大每年的网上教学检查之中，成都电大在全国 44 所省级电大排名中，2012 年位列第六名，2013 年位列第三名，2014—2017 年连续四年位列第一名。

本篇通过大量的教学实践和教学创新，重点探讨了面授课堂与网络课堂的理论教学、实践基地的实践教学与网络平台的延伸教学的有机融合，与此同时，深入探讨混合教学下课程教学与考核的实现路径，通过"教学管测评一体化"来切实保证教育教学质量。

第四章

充分利用"互联网+"开展在线教学活动的研究背景

从 2011 年开始,成都电大教务处根据《国家开放大学教学与考核中的质量控制关键点》规定,着重从面授教学、网络教学、实践教学、小组协作学习和期末终考五个角度来剖析现状。

一、面授教学参与不高

成都电大所招收的在职学生经常因工学矛盾、时空条件等多种因素导致面授教学到课率比较低。从总体上讲,成都电大面授教学呈现三大特点:新生到课情况较好,老生较差;专科学生到课率略好于本科学生的到课率;公共课到课率较低,专业课较高。

二、网络教学动力不足

在线平台中大量课程的网络静态资源都是照本宣科地复制教材内容,创新内容较少,基本属于教材的翻版,难以激发学生的学习兴趣和动力,学生浏览网上静态资源,就相当于在浏览教材,与专业课程对应的热点、难点问题基本没有在网络平台上反映出来,学生参与网络学习的积极性及主动性难以得到激发,教育教学的效果也难以保证。在线平台中很多课程的网络动态资源也是照本宣科地朗读教材,无创新、无热点讲解,形式单一、古板、僵化,内容无特色,直接导致学生在视频资源学习上缺乏互动性,单一的屏幕讲解容易导致学习者的学习倦怠,学习动力和积极性难以激活,教育教学目标难以实现。与此同时，面授到课率比较低，教育教学过程中教与学行为的有效发生较少，教育教学质量堪忧。

三、实践教学积极性差

由于学生集中组织难度较大，师资和办学条件限制等诸多原因，成都电大实践教学基本被忽视。从总体上讲，成都电大实践教学呈现五大特点：注重知识传授，忽略能力培养；集中实践环节教学效果有限；校外实践基地运行效果不佳；教师实践教学经验水平不足；被动学习较多，主动学习较少。

四、小组协作学习执行力弱

小组学习即为学生以"就近原则"构建"互助型学习群体"，其意义不言而喻，但运行实践中因学生难以平衡家庭、工作和学习之间的时间冲突，导致线下的小组学习效果不理想。

五、期末终考弱化过程

成都电大以"高度的教考分离"为原则实施期末终考，但毕竟还是属于质量控制环节的末端治理，难以把控过程质量。从总体上讲，成都电大期末终考呈现五大特点：考试作为教学信息的反馈手段作用发挥不够；教考分离的联系作用发挥不够；分部所负责的40%课程的考试质量堪忧；考试的评价功能没得到充分发挥；考试的结构化程度不高。

第五章

充分利用"互联网+"开展在线教学活动的实践探索与研究

为了有效地解决教学双方时空难分离的矛盾焦点,提升线上教学平台的使用效率与效果,丰富在线教育课程资源建设的数量,提高在线教育课程资源建设的质量,强化教育教学的过程质量,督促教、管、学三方行为的有效发生,切实保证教育教学质量,培养符合地方经济社会发展的有用人才。以中开课程和省开课程的考核改革为突破口,以"末端改革"倒逼"过程控制"的质量管理思想,本着边实践、边总结、边提升的工作思路与方法,先后通过课程学习与考核改革,实时导学组织与实施,非实时导学策略运用,线上与线下混合教学模式的实践,在线教学平台改造,网上学、教、管、评信息公开,引入网上教学观察员制度、评选我心目中的"好老师"和年度百名网上"学习之星"等措施,丰富了在线教学平台的网上教学活动,营造了良好的网上教学文化氛围,初步形成了成都电大独具特色的开展网上教学活动的线上与线下相融合的混合教学模式。

一、构建网上"教管学"的长效机制,保障其稳定性

网上教学及管理工作既是一种常态,又是一种创新。其运行质量在很大程度上依赖于教学长效机制是否建立和健全。长效机制的构建源自清晰的教学及其管理战略构架和其在不同年度(学期)策略的实施。

(一)教学理念

网上教学是国家开放大学教学的重要组成部分,也是教师教学工作的重

要内容。基于教学平台的网上教学应该是学生、教师、各级教学管理者之间的有效切合（见图 5-1 和图 5-2）。

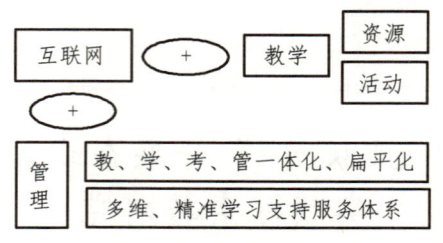

图 5-1 "互联网+"下教、学、考、管一体化

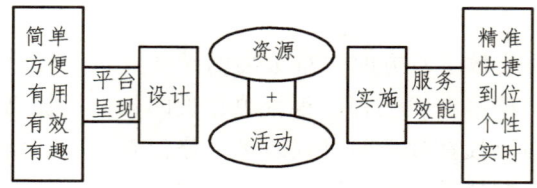

图 5-2 "互联网+"下的教、学考、管的有效切合

通过共同构建知识、共同营造、优化网上教学环境，实现内容呈现、媒体载入、互动有效、管理促进等要素互动。

（二）战略思考

1. 实现网上教学战略的组织点

2011 年开始，作为统筹全校教学工作的教务处，对影响和决定教学质量和教学实施效果的因素（包括教学环境、组织形式、具体实现条件和学科特点）进行了深入分析，提出了成都电大网上教学与管理的总体思路、战略构架和战术策略，让全体从事教学及管理的各级各类人员在思想和认识上有一个清晰的定位。

2. 实现网上教学战略的切入点

从教学过程相关环节入手，先易后难，寻找突破领域，从数量到质量、从自由散漫到规范运作，逐步净化教学环境，实现提高教学质量的目标。基础工作是狠抓常规教学，重点开展各类资源建设与运用，推出教学创新项目作引领，在网上学与教信息公开的环境中，对教学创优争先进行奖励，构建提高教学质量的长效机制。

3. 实现网上教学战略的突破

学生和办学单位在办学和学习过程中，其关注兴奋点是如何考试。成都电大经过近几年的改革，通过寻找省校、办学单位、学生的兴奋点，将学习行为由关注和重视终端向关注和重视过程转变（见图5-3）。

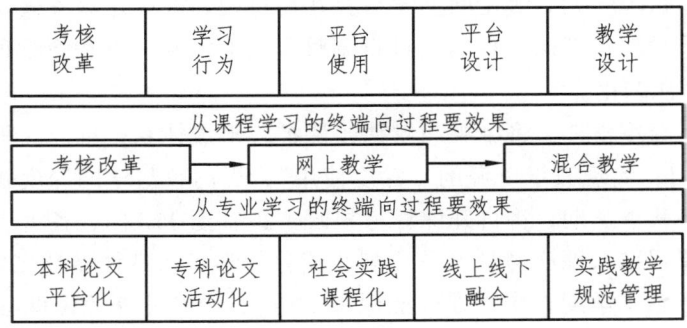

图5-3 "互联网+"下从重终端向重过程的转变

在设计上，成都电大本着由终端改革倒逼前端和中端的改革思路，选择省开课程进行试点，从科学选择考试形式和手段、促进网上学习行为发生、参考学生学习表现等环节入手，将课程成绩分解至相关环节，进而营造适合网络教学的环境。

通过课程考核改革，倒逼学生网上学习行为的发生，再通过网上学习行为的发生倒逼网上资源建设的力度、网上导学的组织及其他学习支持服务的落实。

（三）战术选择

在符合战略考虑的前提下，不同年度或学期所采用的教学战术策略及重心相对有所不同。省开课程学习与考核改革的核心是强调学习与考核的过程化。对于资源丰富、师资力量相对较强的课程实行在线学习评价、在线考试评价、操行评价等复合考评；对于资源相对丰富或师资力量相对不强的课程实行将期末纸质考试变革为网络在线考试。

2011年秋季学期，主要以上级主管部门教学检查为契机，尝试通过实施8门自开课程在线考试、网上教学信息公开等措施营造网上教学互动环境、寻找网上教学工作的回归感觉。

2012年春季学期，清理网上专业和课程信息，进一步固化网上教学互动环境，推出 52 门自开课程考核改革，通过实施网上教学信息公开等措施用以暴露教学过程的问题，研究和寻找提高网上教学参与度的途径；同时，配合学校绩效改革方案，制定了教师工作量管理办法，从制度层面保证教学工作有序、健康地运行。

2012 年秋季学期，活化网上学与教互动过程，将自开课考核改革扩容至 82 门课程，对教师管课课程结构进行调整，强推资源建设和教学创新，将教学奖励做到常态化。

2013 年春季学期，将中央和省课改课扩容形成体系，自开课程考核改革扩容至 92 门，实现教学资源的"深度使用"，提高教与学的深度融合。

2013 年秋季学期，将自开课程考核改革扩容至 115 门，各大本科专业的 23 门补修课程纳入课程考核改革之列，使教与学步入良性循环之路。

2014 年春季学期，中开课改课课程 29 门，中开非课改课课程 5 门，自开课改课课程扩容至 142 门，省开非课改课课程扩容至 288 门，95%以上的选修课程实现全网的"学考一体化"。

2015 年春季学期，国开学习网课程 22 门，中开课改课课程 95 门，中开非课改课课程 5 门，自开课改课课程扩容至 144 门，省开非课改课课程扩容至 422 门，选修课程全覆盖进行全网的"学考一体化"。引入直播系统，实现面授教学"扁平化"，直达学员。

2015 年秋季学期，国开学习网课程 32 门，中开课改课课程 166 门，中开非课改课课程 5 门，中开省网考课程 29 门，自开课改课课程继续扩容至 146 门，省开非课改课课程继续扩容至 458 门，选修课程全覆盖进行全网的"学考一体化"。引入"职业素质"和"创业教育"课程进行综合实践环节的学分置换。全学期教学扁平化下直达客户终端的"直播+导学"教学活动达到 200 场。

2016 年春季学期，国开学习网课程 45 门，中开课改课课程 168 门，中开非课改课课程 15 门，中开省网考课程 32 门，省开课改课课程继续扩容至 146 门，省开非课改课课程继续扩容至 492 门，选修课程全覆盖进行全网的"学考一体化"，34 门实践实训课程纳入在线考试系统进行"随学随考"。全学期教学扁平化下直达客户终端的"直播+导学"教学活动达到 300 场。

2016 年秋季学期，国开学习网课程 55 门，中开课改课课程 168 门，中开非课改课课程 15 门，中开省网考课程 32 门，省开课改课课程继续扩容至 146 门，省开非课改课课程继续扩容至 492 门，选修课程全覆盖进行全网的"学考一体化"，45 门实践实训课程和"职业技能实训（一）课程"纳入在线考试系统进行"随学随考"。全学期教学扁平化下直达客户终端的"直播+导学"教学活动达到500场。

（四）长效机制

成都电大教务处认真研究了学生、教师、各级教学管理部门与在线教学平台之间的有效切合，不断固化、强化、活化、深化网上教学活动，跟踪、监控、公开、分析网上教学行为，通过引领、复制、推广、奖励网上教学创新成果等制度，建立网上教学活动长效机制，提升网上教学的质量与效果，推进网上教学向纵深发展。

二、大力推进省开课学习与考核改革，助推资源建设

（一）大力推进省开课程考核改革，促进网上资源的建设与运用

网络技术已经渗透到社会的每个领域，教育更是如此。考虑到成人、业余、开放之特点，将学习者、网络、学习评价这三个元素有机和有效结合，才会使学习更加实用和有趣。

2011秋季，尝试推出8门省开课程考试改革，将考试纸质形式改变为网络形式，得到了办学单位和学生的欢迎。2012年春季学期，纳入考核试点改革的省开课程增加至52门，淡化终结考试，课程成绩由三次在线考试、在线活动及学生操行等三部分构成。直至2016年秋季，纳入考核试点改革的省开课程扩容至638门，选修课程实现全覆盖的全网"学考一体化"和"随学随考化"。

通过改革与实践，学生课程学习综合成绩由三部分构成：在线考试成绩、在线活动成绩、操行成绩。各部分成绩及其比例如下：

（1）在线活动成绩满分为20分，由学生的课程在线时间、浏览资源次数、论坛交流（发帖、回帖、跟帖）帖数等有效的教学行为组成。

（2）在线考试成绩满分为60分，由学生按"双规"（即为规定的时间和规定地点）在成都电大"在线考试系统"完成规定的在线考试，在线考试总分60分。在线考试次数根据课程性质分为1~3次。

（3）操行成绩满分20分。根据学生操守、学习态度、参加面授辅导、小组学习、创新性活动、公益性活动等内容评定。

（二）加大网上资源建设和应用的力度，实现资源与课程改革的融合

通过加大对省开课程考核改革的力度，学生利用网络平台开展学习的热情和行为较之以前有实质性地变化，但在线平台的教学资源（特别是省开课程的资源）与之不适应。一是，从省开课程入手，以考核改革课为突破口，从政策和管理着力点上引导教师把管理课程的结构从必修课适当转向省开课；二是，对不同结构的课程在资源建设与运用上采用不同的策略。

从 2011 年秋季学期起，考核改革自开课程必须要有网上资源（先文本后其他），课程平台资源栏目不低于 6 个，每个栏目的资源数量不低于 3 个。其他自开课程：加快资源数量、质量、结构的建设。必修课程：根据中央电大的资源，建设补充性、具有个性特点的资源。

1. 基于"互联网+"的教学平台网络课程设计（2011—2014 年）

1）栏目一：教学文件

（1）课程说明。包括课程的性质和任务、课程概况、课程教学的基本要求、教学方法与教学形式建议、课程教学要求的层次、课程的评价、先修及其后续课程等内容。

（2）教师介绍。主要介绍课程的教学团队，包括中央电大课程责任教师、中央电大主讲教师、教材主编、省级电大课程责任教师、主要面授辅导教师介绍等内容。

（3）教学大纲。包括教学大纲说明、媒体分配和教学过程建议以及教学内容和教学要求。凡选修课程都必须按中央电大的规范要求编制教学大纲。中央电大必修课程都编制了教学大纲，可以采用，但需结合成都电大实际情况作适当修订。

（4）实施方案。包括课程基本情况介绍、教学内容和课时安排、多种教学媒体的配置情况（文字教材的介绍、网上辅导的介绍、IP 课件或 CAI 课件的介绍等）、教学活动安排（实时与非实时交互、课程讨论、学习竞赛、学术讲座等）、教学环节建议（对辅导教师的建议、对学生自主学习的建议等）等。

2）栏目二：稳定性文本资源

（1）开篇导学：建议采用录播系统或者 IP 系统制作 25 分钟左右，主要

讲授课程的学习资源、学习方法及其学习建议等内容。

（2）教学辅导：请按章节对教材的重点和难点等知识点进行归纳与梳理，并上载到成都电大"电大在线"教学平台，既要注重解疑释难，又要注意知识的系统性和完整性。与此同时，结合时政热点问题编撰具有地域特色的个性化的辅导文本资源，并上载到成都电大"电大在线"教学平台。

（3）分章练习：请按照章节编撰课程的章节练习及其练习答案，并上载到成都电大"电大在线"教学平台。

（4）教案文档：请按照章节完成课程PPT教案文档资源的制作并上传到成都电大"电大在线"教学平台，每章的教案文档务必保证教材知识点的系统性和整体性，且突出重难点，切勿将教材的章节目录进行简单的翻版。每次上载的教案文档形式上美观可读、字体适中，便于学生学习，一般不低于10张幻灯片页面。

（5）单元串讲：按照篇章的要求划出教学单元，对每一个教学单元做串讲，每一个单元的串讲建议采用视频资源形式完成。

3）栏目三：动态性文本资源

（1）案例分析：根据时代热点、难点问题提炼案例材料，引导学生参与案例讨论，激发学生思考，要有案例和分析参考，理工农医教学部（教研室）和英语国际部可由典型例题替代案例分析。每学期每一门课程不低于4篇，按月上载。

（2）在线作业：利用"电大在线"的在线考试系统软件进行在线作业试题录入和组卷，确保每一道题目的试题录入的规范化和标准化、答案的准确性且录入的试题题量应该是每次实考题目的3倍。

（3）参考资料：推介与课程学习相关的参考资料，介绍本学科学术研究的现状与前景、有关学术报告与学术成果摘要、联系实际布置研究课题和学习材料等，引导学生开展学术研究。每学期每一门课程（一般）不低于4篇。

（4）期末复习：上载当期考试说明、课程复习意见、复习辅导资料（重难点问题）等有助于学生考前复习的相关资料。建议做成视频资源上载到"电大在线"教学平台。

（5）考试：上载至少两学期的考试真题、当期模拟考试试题及其解析等有助于学生考试的相关资料。

（6）质量反馈：上载至少两学期的试卷分析，试卷分析包括试卷样本得分情况、存在的问题及其解决建议等内容。

2. 基于"互联网+"的教学平台网络课程设计（2015—2017 年）

1）栏目一：课程公告

200 字左右，首页呈现，介绍课程的基本情况，包括性质、学分、教材等信息。

2）栏目二：教学文件

（1）教学大纲。

（2）课程说明。

（3）实施方案。

（4）考核说明。

（5）教学团队。

3）栏目三：在线教学活动（新加栏目，责任教师的课程教学安排）

（1）导学安排（实时导学、开放式主题导学、直播互动导学）。

（2）直播安排。

4）栏目四：教学辅导资源（整理资源，重新归类，按章节或主题部署）

（1）按主题教学辅导（文字、图文、视频、微课、PPT）。

（2）按章节教学辅导（文字、图文、视频、微课、PPT）。

5）栏目五：复习参考（责任教师整理发布）

（1）期末复习的资料或辅导。

（2）往届试卷。

6）栏目六：考试考核（省校标准和要求）

（1）课程考核的构成与考核形式。

（2）形考性考核说明。

（3）终结性考核说明。

7）栏目七：拓展学习（可选栏目）

（1）拓展学习资料。

（2）拓展阅读书籍推荐。

从资源结构上看，课程网络资源更多的是文本形式，视频资源数量明显不足。从 2011 年秋季学期开始，教师每学期至少建设 3 讲课程视频资源，可以是 IP 课、微课、面授直播课，每讲时间 20 分钟左右，讲重点和难点，实现教学扁平化。2016 年，成都电大专兼职教师全年开展的基于"互联网+"

教学扁平化的"面授直播"和"实时和非实时导学"活动达到1 000场次，微课制作达到500讲。

三、活化网上实时与非实时交互教学，激活教学动力

基于网上导学的实时和非实时两个视角，从回帖、教学策略、整理公布、核心团队建设、落实、监控等6个方面对实时导学的过程进行分解和细化，在落实中保证质量；从构建校部、办学单位、学生之间的联动机制，延伸讨论的广度与深度、丰富和创新在线讨论的形式、应用教学策略等措施规范非实时导学的相关环节，提高参与率，在创新中提高质量。

（一）分解和细化非实时导学的工作阶段，在落实中保证质量

网上非实时导学的过程管理的绩效主要是从回帖、教学策略、整理公布、核心团队建设、落实和监控等方面进行评价。

（1）回帖。通常意义上，网络环境中的师生交互成功与否，很大程度上取决于教师是否及时回复学生的帖子。教师回复学生帖子的时间和回复质量，对学生的心理、接受网络的程度都会产生巨大的影响。及时处理回帖，会使学生逐步养成网络学习的习惯，乐意与老师进行交流，从而培养论坛人气，形成师生交互的良性循环。

（2）策略。网上教学的有效性应以科学、合理的实施程序和灵活、恰当的策略为保证。一是，要积极探索网上教学内容、教学交互形式与教学策略的最佳匹配、实现每一具体教学目标的最佳交互形式与途径以及保证每一次网上交互有效地组织与管理。二是，要应用一定的教学策略激励学生发帖，引导学生讨论。例如，通过致学习者的一封信来营造开课氛围；每月按课程教学进度在"课程讨论区"内提出结合课程教学内容的重点、难点问题或综合案例的讨论题；还可通过提前将课程讨论主题和安排置顶或设置成精华帖的方式来引导学生交流。

（3）公布。责任教师每月定期整理课程论坛或建立课程学习问题库文本，予以公布且便于查找。

（4）团队。网络课堂中教师不一定是讨论活动唯一的组织者和引导者，在这种自主学习的环境下，讨论过程的发展态势更多是与参与者的回帖息息

相关的。对于课程学习者人数较多，学生提问比较多的课程，有针对性地组建课程答疑团队（教师团队和学生团队），鼓励学员之间的交流和互动，活跃学员（核心学员）的参与（引导和激励）。探索建立学生答疑团队，充分发挥活跃学员或核心学生的参与度，构建学习共同体。采取有效措施倡导、引导、鼓励学生之间的交流，促进他们相互解答问题。一是，教师将一些简单且易于回复的问题留待学生去回答，教师回复难度较高的问题。二是，组建核心学生团队，开展"生生"交流与互动，形成一种无形的但学生看得见的答疑团队，在教学过程中逐步形成学生间的学习共同体。

（5）落实。教师寻找学生的兴趣点、兴奋点及热点话题，利用课程论坛空间主动引导和开展网上学与教互动活动。部分课程教师利用此空间上传学生喜闻乐见的各种辅助性学习材料、课程形成性考核和评析、各种社会考试的评析材料、如何借助论坛开展学习交流的方法等主题帖，为学生提供支持服务。

（6）监控。一是，教务处定期对课程论坛的运行情况进行监控，主要包括以下指标：论坛名称、帖子总数、主题帖数、回复帖数、精华帖数、置顶帖数、发帖用户数、一周新帖数、回复率、人均发帖数、新帖率。二是，系统自动提供回复为零的帖子清单，供教学管理部门的专业课程教师参考（见图5-4和图5-5）。

序号	操作	论坛	发布时间	作者
1	浏览	管理思想史	2012/11/4 23:52:27	杨丹
2	浏览	管理学基础	2012/11/4 23:13:21	黄蕾
3	浏览	西方行政制度教学活动	2012/11/4 23:04:36	王艳
4	浏览	学前教育原理教学活动	2012/11/4 22:52:31	胡媛媛
5	浏览	计算机综合应用能力实训	2012/11/4 22:51:11	张强
6	浏览	职业与人生教学活动	2012/11/4 22:44:03	田云飞
7	浏览	行政管理专科	2012/11/4 22:42:30	刘历
8	浏览	学前教育原理教学活动	2012/11/4 22:42:23	胡媛媛
9	浏览	个人理财教学活动	2012/11/4 22:39:48	雷心佳
10	浏览	个人理财教学活动	2012/11/4 22:39:24	雷心佳
11	浏览	小学数学教学研究	2012/11/4 22:35:33	李小凤
12	浏览	职业与人生教学活动	2012/11/4 22:32:14	雷心佳
13	浏览	职业与人生教学活动	2012/11/4 22:31:58	雷心佳

图5-4 教学平台论坛发回帖动态跟踪（2011—2014年）

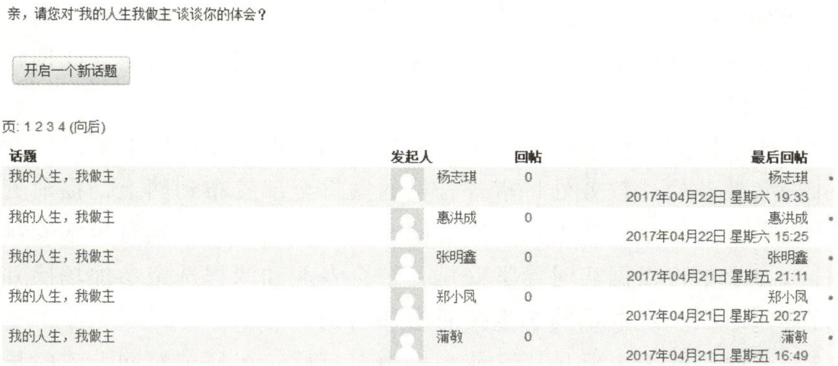
亲，请您对“我的人生我做主”谈谈你的体会？

开启一个新话题

页: 1 2 3 4 (向后)

话题	发起人	回帖	最后回帖
我的人生，我做主	杨志琪	0	杨志琪 2017年04月22日 星期六 19:33
我的人生，我做主	惠洪成	0	惠洪成 2017年04月22日 星期六 15:25
我的人生，我做主	张明鑫	0	张明鑫 2017年04月21日 星期五 21:11
我的人生，我做主	郑小凤	0	郑小凤 2017年04月21日 星期五 20:27
我的人生，我做主	蒲敏	0	蒲敏 2017年04月21日 星期五 16:49

图 5-5　教学平台论坛发回帖动态跟踪（2015—2017 年）

（二）规范和落实网上实时导学的环节，在创新中提高质量

（1）组织联动。为了确保网上实时教学活动的有效实施，在教务处的统筹下，正确处理教务处、教学部、办学单位、学生等四个方面的关系，从组织上形成教学管理团队，从管理上形成科学的联动机制，为后续建设网上教学管理联动团队奠定基础。

① 教务处 ——统筹规划、运行监控。一是，规划学期对话讨论的总场次和审核讨论主题，平衡讨论课程的专业分布、课程类型分布及时间分布。二是，协调将讨论安排在网上发布，并印发文件。三是，指导和协助办学单位选择讨论场次，督促办学单位组织学生参加讨论。四是，对讨论的运行情况进行监控，定期公布。在讨论总场次规划上规定：以教学部为单位，每学期每位教师讨论场次至少 10 场次；核心课程、公共基础、课改课程的实时对话讨论场次原则上不低于 2 场次；其他课程不低于 1 场次。预计总场次 300 场次。在讨论类型上，各教学部必须实施不低于 3 场次的网上双向视频讨论。

② 教学部 ——设计主题、教师参加。一是，提出讨论具体安排。二是，教师积极准备讨论材料。三是，参加讨论并解答学生问题。四是，总结讨论，形成资源并及时发布到网上。五是，评估讨论质量，提出改进方案。

③ 办学单位 ——组织学生、选择参加。一是，选择参加的场次报教教务处（学支中心）备案。二是，按选定场次组织学生参加讨论。三是，将网上讨论的情况作为学生形成性考核成绩的重要组成部分和办学单位网上教学管理与组织的重要内容。四是，提出改进建议，作为评选优秀教学组织的条件之一。

④ 学生——积极参加、完成学业。通过要求学生参加教学互动，促进学生主动学习、互助学习和利用网络学习与交流的能力，力图借此构建团队学习的优良品质。

（2）任务落实。每学期第二周内以教学部为单位完成网上实时导学的安排，并提交教务处，教务处将审查合格的安排全部发布到网上，提前五天时间滚动显现，方便学生从主页直通。同时，以学校名义将实时导学安排印发成文件。办学单位根据实时导学安排，结合专业和课程选定参加场次并报教务处备案，组织一定数量的学生按时参加讨论。

（3）过程监控。主要是从事前、事中、事后三个环节对网上实时导学进行过程性监控。

① 事前的导学安排监控。教务处从导学课程在专业中的分布，导学主题是否与课程和实际相结合，导学时间在学期内的月度分布、周度分布及时间段分布等进行审查。

② 事中的导学实施现场监控。教务处指定专人或聘请观察员随机进入导学现场，跟踪导学实施情况。

③ 事后的导学统计监控。通过平台自动统计和人工统计两个途径。

自动统计：一是，平台将实时导学按开始时间和结束时间自动统计并生成导学交流记录；二是，平台对教师组织实时导学的总体情况进行人工统计（见图 5-6～5-8）。

	20:00—21:00	周琳	开放教育学习指南	网上课程学习资源及获取途径	还没开始
	20:00—21:00	钟岚	土木工程CAD	建筑制图中的绘图要求	还没开始
	19:30—20:30	王锦云	生产与运作管理	库存控制方式	还没开始
	19:00—20:00	叶珊	行政领导学	领导权力的腐败与制约	还没开始
	19:00—20:00	傅代彬	个人理财	个人股票理财技巧	还没开始
12年11月11日 [日]	20:00—21:00	黄城	计算机应用基础(本)	网考答题方法及技巧	还没开始
	17:10—18:10	边明伟	市场营销学	如何提升企业的营销水平？	还没开始
12年11月10日 [六]	20:00—21:03	吴梅	公共部门人力资源管理	激励的源动力	导学记录
	20:00—21:00	于开宣	经济数学基础12	线性代数的重点题型介绍	导学记录
	15:00—16:00	甘晓敏	综合英语(2)	单元总结2	导学记录
	10:00—11:00	魏寅	财税法规专题	关于形考的内容	导学记录

第5页 共31页 首页 上一页 下一页 尾页 转到第　页 GO

图 5-6　教学平台实时交互导学记录自动统计（2011—2014 年）

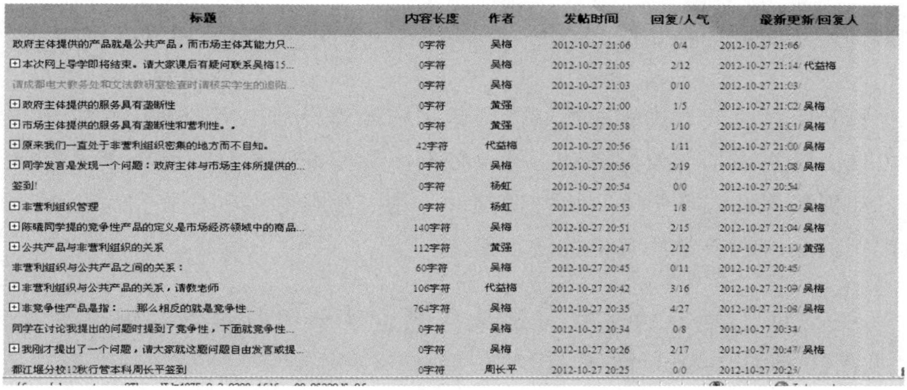

第五章 充分利用"互联网+"开展在线教学活动的实践探索与研究◎ *111*

图 5-7 教学平台实时交互导学记录人工统计（2011—2014 年）

图 5-8 教学平台实时交互导学记录人工统计（2015—2017 年）

人工统计：主要是统计以下三项指标：

一是，按课程对实时导学的执行情况进行跟踪，主要指标包括课程名称、学生数、导学主题、总帖数、主题帖数、回复帖数、教师首帖时间、教师末帖时间、是否紧扣计划等。

二是，将全部课程相关指标进行对比，分析讨论的运行情况，主要指标包括课程名称、活动次数、学生参与数、教师发贴数、教师回帖数、学生发帖数、学生回帖数、师生出帖数等。

三是，对课程实时导学运行指标进行排行，包括参加学生人数排行、师生总帖数排行、教师发回帖排行、学生发回帖排行等。

四、改造和重构在线教学平台,保障和服务在线教学

省开课程考核方式的改革必然会带来资源建设与运用的强化,校部、办学单位、学生在学与教的联动必然会使网上导学交流在频度和深度上有所突破。如何确保在线教学平台更加简捷和方便、顺畅和亲和,在很大程度上成为影响甚至左右教学质量的关键因素之一。

(一)网上学习的流程与常见问题、平台运行概况、网络支持服务通道(见图5-9和图5-10)

图 5-9 基于"互联网+"的在线教学平台(2011—2014年)

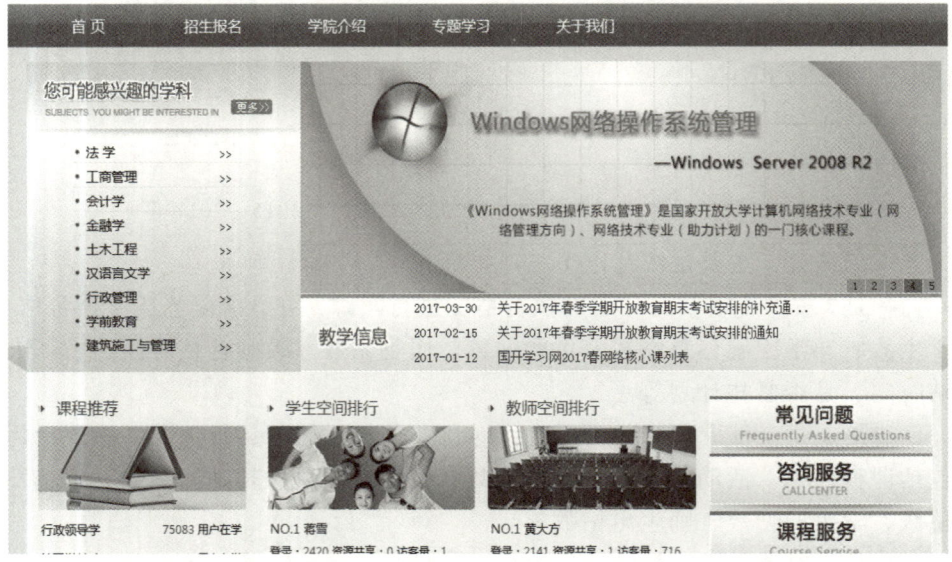

图 5-10 基于"互联网+"的在线教学平台(2015—2017年)

（二）网上教与学信息直通区

网上教与学直通区包括登录、网上导学（中央）安排表、网上导学（成都）安排表、城区课表、教研会安排表、直（录）播课堂、精品课程资源等（见图5-11）。

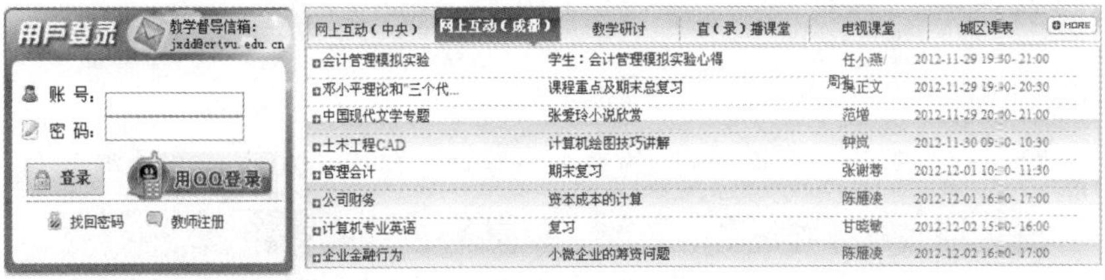

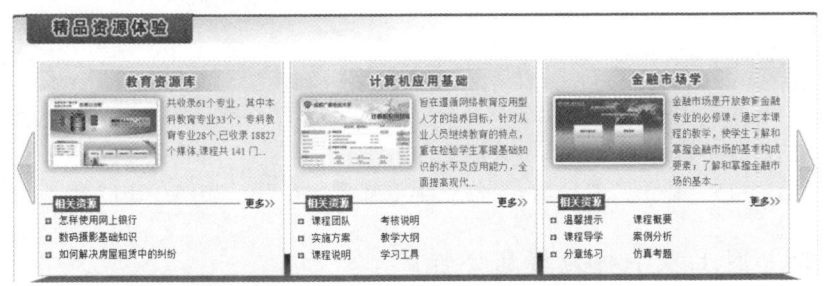

图 5-11　基于"互联网+"的网上教与学直通区（2011—2014年）

课程学习与交流区主要包括资源区和互动区（见图5-12和图5-13）。

图 5-12　基于"互联网+"课程资源区（2011—2014年）

图 5-13　基于"互联网+"课程学习与交流区（2015—2017年）

（三）教学与管理信息区

教学与管理信息区包括教学公告、教学新闻、双向视频会议、会议材料、教学数据、开放学院公告、平台运行与维护报告、办学单位信息、学籍与考试、学生查询等（见图 5-14 和图 5-15）。

图 5-14　基于"互联网+"的教学与管理信息区（2011—2014 年）

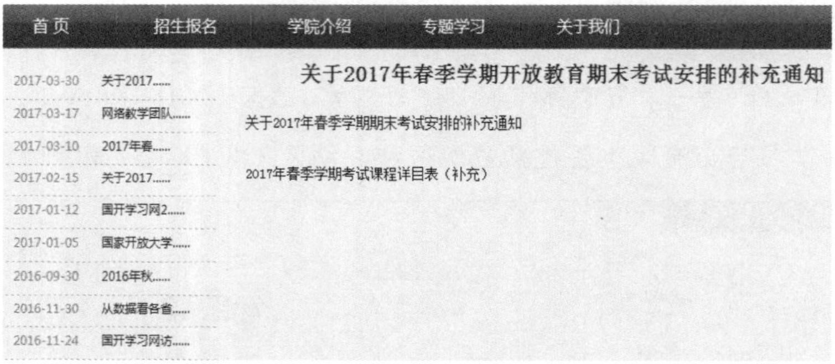

图 5-15　基于"互联网+"的教学与管理信息区（2015—2017 年）

（四）网上教学行为信息公告区

网上教学行为信息公告包括两个视角的排行。

一是，课程论坛、课程资源、学生学习时间、教师出帖排行（见图 5-16 和图 5-17）。

图 5-16　网上教学行为信息公告区（2011—2014 年）

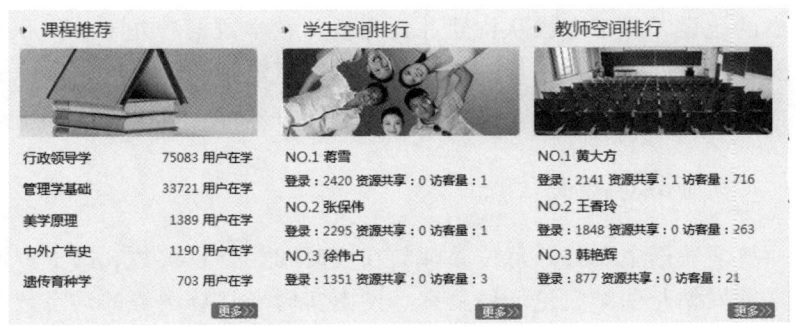

图 5-17　网上教学行为信息公告区（2015—2017 年）

二是，平台运维数据，包括教学点统计、登录学习统计、学生和教师统计等（见图 5-18 和图 5-19）。

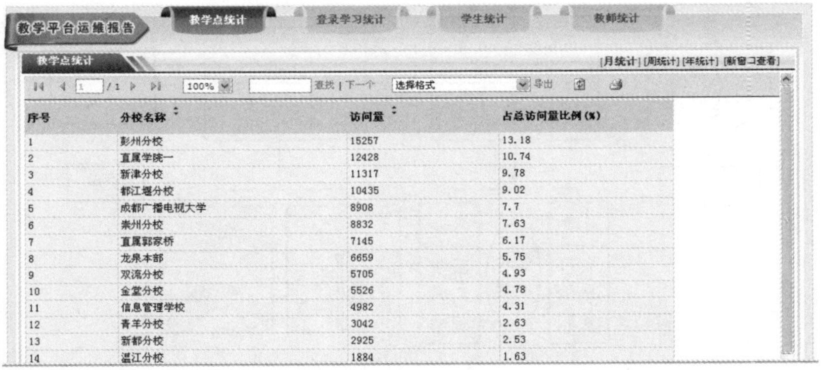

序号	分校名称	访问量	占总访问量比例（%）
1	彭州分校	15257	13.18
2	直属学院一	12428	10.74
3	新津分校	11317	9.78
4	都江堰分校	10435	9.02
5	成都广播电视大学	8908	7.7
6	崇州分校	8832	7.63
7	直属郭家桥	7145	6.17
8	龙泉本部	6659	5.75
9	双流分校	5705	4.93
10	金堂分校	5526	4.78
11	信息管理学校	4982	4.31
12	青羊分校	3042	2.63
13	新都分校	2925	2.53
14	温江分校	1884	1.63

图 5-18　网上教学行为信息公告区（2011—2014 年）

机构	活跃课程	参与教师	教师行为	教师资源浏	教师人际交	教师人机交	教师出勤
成都广播电视大学	1115	515	958251	63822	262444	631984	13525
成都广播电视大学-七八四教学点	153	3	4557	82	1198	3277	44
成都广播电视大学-五冶分校	93	5	5474	176	408	4890	51
成都广播电视大学-五月花计算机专业学	40	10	10251	419	1772	8060	83
成都广播电视大学-信息管理学校	371	7	33523	2214	9478	21831	322
成都广播电视大学-兴华学校	120	11	6163	545	1957	3661	147
成都广播电视大学-双流分校	216	15	27043	484	5256	21303	122

图 5-19　网上教学行为信息公告区（2015—2017 年）

五、跟踪和公开网上教学数据，促进教学评价的客观性

在远程开放教学中，对网上教学质量及成效进行跟踪与监控，若发现问题则及时反馈和解决，这是实现网上有效教学的重要保证。基于网上学习环

境和教学的建设,成都电大从构建并公开教师教学数据、办学单位和师生平台登录及在线时间、课程论坛互动导学、浏览点击资源等方面,跟踪、监控和客观评价网上导学的成效,提升网上教学的有效性。

(一)教师教学数据

教师教学数据主要公开每位教师的在线时间、登录次数、网上资源上载数量、教师发帖与回帖、论坛回复率、网上实时导学场次等的动态数据(见图 5-20)。

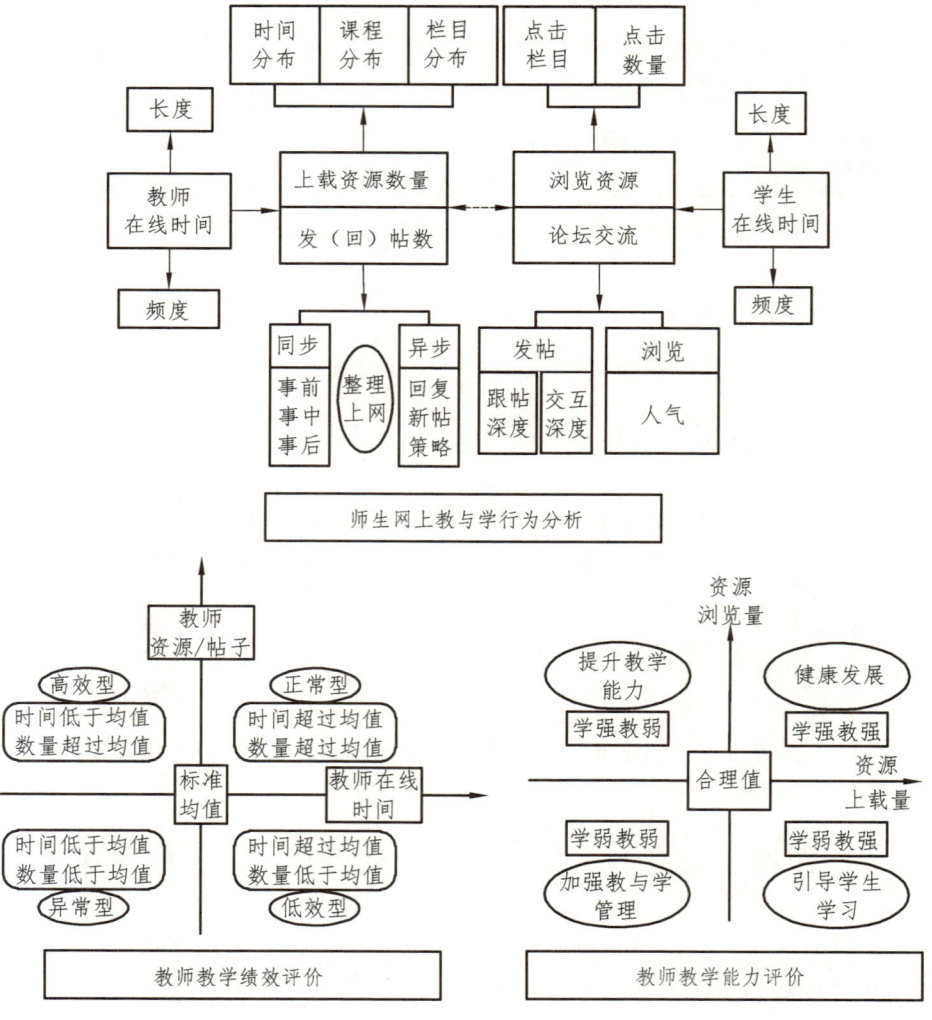

第五章 充分利用"互联网+"开展在线教学活动的实践探索与研究 117

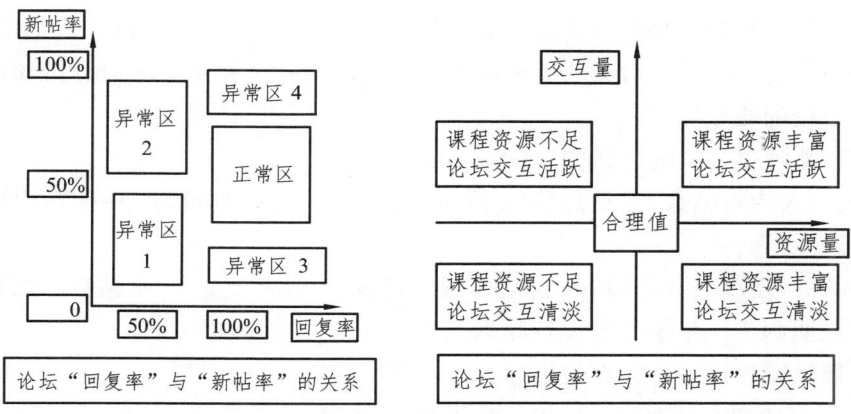

图 5-20 基于"互联网+"的师生教学行为数据分析（2011—2017 年）

为进一步分析教师的网上教学详细情况，还对在线时间、上载资源和论坛交流等指标按月和周进行统计。

（二）办学单位教学数据

一是，通过"上网学生数及其与在籍学生数的比例"反映办学单位组织、引导、督促学生上网学习的情况。该指标是对办学单位组织、引导、督促学生网上学习情况进行后续分析的前提。

二是，通过"学生登录次数及其与上网学生数的倍数"反映学生在网上点击资源和发帖交流的情况。该指标是评估办学单位组织和实施网上学习的重要指标。

三是，通过"学生登录的时间段分析"反映学生网上学习的进度和网上学习是否均衡。该指标说明办学单位在这项工作上投入时间和精力的情况。

四是，通过"新登录人数与总登录人数占比"指标，以当月登录人数和登录次数分别占全年登录人数和登录次数的比例，来说明学生网上学习的持久性和稳定性。

五是，"学生在线时间长度"，这项数据需由办学单位根据学生在教学平台和课程平台的学习情况统计，说明学生参加网上学习的深度。

（三）课程论坛的监控与分析

（1）平台自动提供指标。由平台自动提供发帖用户数、贴子总数、主题帖数、回复帖数、最近一周发帖数、置顶帖数、精华帖数等指标。

（2）统计分析。可以从课程讨论的活跃度和持久性两个方面分析和评价课程讨论的质量。

反映师生讨论的活跃度指标：

① 人均发帖数=发帖总数/发帖用户数。人均发帖数越高，说明师生讨论越踊跃。

② 回复率 1=回复帖数/主题帖数；回复率 2=回复帖数/总帖数。回复率高，说明师生、生生交互比较频繁。

衡量课程讨论持久性的指标：

① 新帖率=最近一月（周）帖子数/总帖数。

② 人均新帖=最近一周帖子数/发帖用户数。该指标表示发帖用户最近活动的情况。

回复为零的帖子：

通过查询和公布每门课程回复为零的帖子数，可反映教师对课程论坛的回复及时性和管理情况。

（四）教学与管理信息的排行与查询（见图 5-21 和图 5-22）

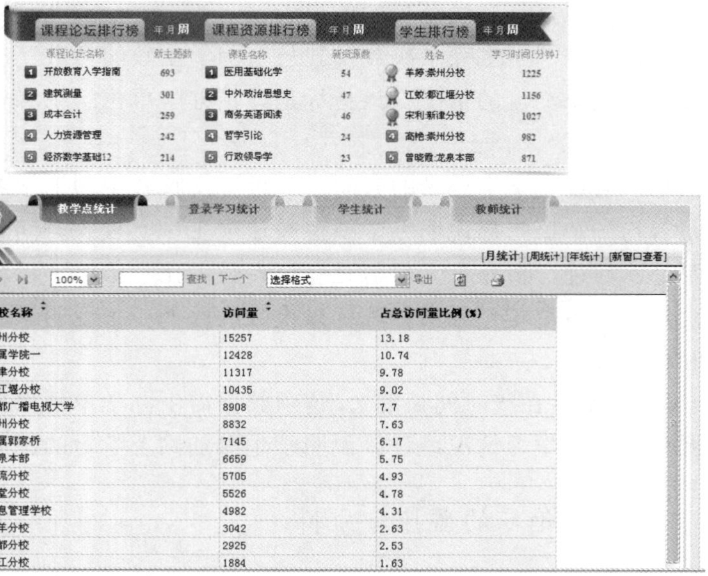

图 5-21 基于"互联网+"的教管信息排行与查询（2011—2014 年）

图 5-22　基于"互联网+"的教管信息排行与查询（2015—2017 年）

六、实行网上教学观察员制度，实现第三方教学评价

（一）实行观察员制度的原因

为加强网上教学的力度，提高其透明度，将普通高校网络教育学院践行的教学观察制度引入到成都电大网上教学过程，即聘请网上教学观察员（教师身份和学生身份），对基于在线教育平台开展的网上教学从多视角、多环节进行观察，从中发现成绩和问题，提出整改建议，为学校领导和教学管理部门提供网上学、教、管的第一手资料。设置学生观察员：这是提升同学收集能力、归纳能力、研判能力的机会，更可以借此提高专业和课程水平。教师观察员：互相学习和借鉴，提高自己的业务能力。

（二）观察领域和内容

一是，对在线教育平台进行观察，包括在线教育平台界面的登录与停留是否顺畅，网上教学信息公告的时间是否及时，专业规则与教学计划衔接是否一致，课程平台栏目与资源更新在内容和时间上是否符合要求，学生浏览和点击资源的数量与时间是否符合教学要求，学生在论坛发帖交流在内容和时间上是否符合要求，教师在课程论坛的回复率和回复质量是否符合要求，课程实时导学在计划、实施、总结上是否符合要求，网上学习支持在服务教学和管理上是否到位等。

（三）观察方式

观察员以网上教学观察员特别账号登录平台实施定期和不定期的观察。为了有效监控观察员，加强对观察员的跟踪，确保其有效性，后台每天跟踪观察员的工作轨迹，特别是其在网上论坛的发言情况。

七、独创基于"互联网+"的"1+6"课程教学模型

为了有效地提升学生使用现代远程教育技术手段进行远程学习的能力，解决学生学习的时空矛盾，成都电大根据国家开放大学教学运行实践，提出了基于线上线下相融合的课堂教学与考核的"1+6"模型，如图5-23所示，其详细解读请阅读本书第二章。

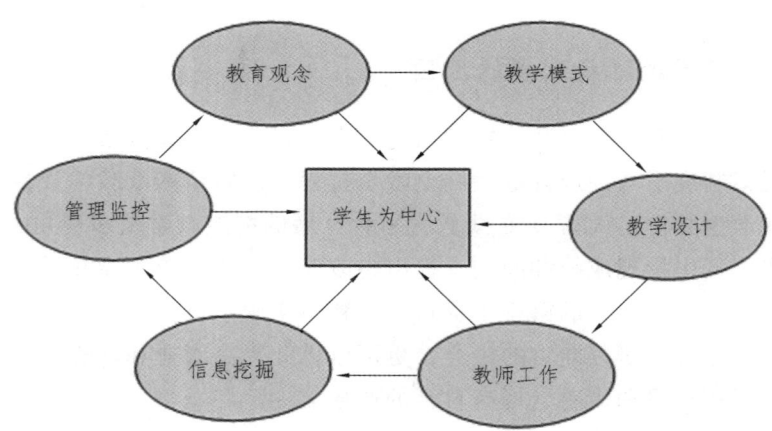

图 5-23　基于"互联网+"的"1+6"课程教学模型

在"互联网+"教育背景下构建"以学生为中心"的课程教学"1+6"模型，1代表"学生为中心"的内核，6代表"教育观念""教学模式""教学设计""教师工作""信息挖掘""管理监控"的外延。其逻辑关系阐述如下，通过技术手段进行师生教学数据挖掘，通过管理监控手段促进教师围绕教学模

式开展教学设计和教师工作，继而达到"以学生为中心"的"时时可学、处处能学、人人皆学"教育观念，切实达到教育教学的培养目标。

八、践行基于"互联网+"的线上线下混合教学模式

成都电大教务处（学支中心）经过大量的座谈访问和问卷调研，提出了适合成都电大现代远程教育状态下的教育教学模式，即为基于"互联网+"的线上与线下相融合的"混合教学模式"，如图 5-24 所示，其详细解读请阅读本书第二章。

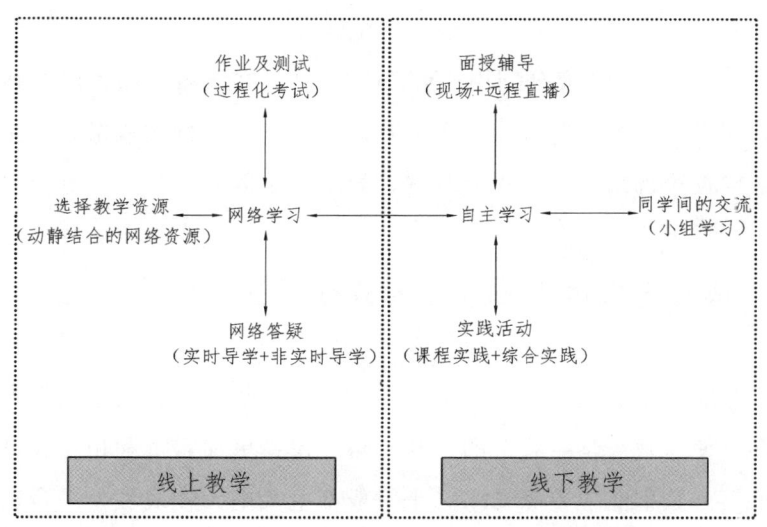

图 5-24 基于"互联网+"的线上与线下相融合的"混合教学模式"

在"1+6"课程教学模型之中，外延的重心在于"教学模式"，在大量的教学实践上，成都电大建构了"线上与线下相融合的课程教学模式"，线上教学即为"网络学习+自选资源+互动答疑+作业测评"，线下教学即为"自主学习+面授教学+小组学习+实践教学"。其逻辑关系阐述如下，线上学习是线下学习的基础，线下学习是线上学习的拓展，线上与线下相互联系，互为促进，通过面授课堂、网络课堂、实践课堂、网络考核等教学手段的互为补充，通过"教学管测评一体化"来切实保证教育教学质量，全面锻造符合地方经济和社会发展的有用人才。

第六章

充分利用"互联网+"开展在线教学活动的教育教学改革效益

为了有效地推动"充分利用'互联网+'开展在线教学活动的实践探索与研究"的成果转化及检验应用效果,我们从网上教学行为数据、一年一度的网上教学检查等视角来全面检验其教育教学改革效益。

一、成都电大网上教学行为数据屡创新高

为了有效挖掘电大在线教学平台的各种运维数据,促进电大教育教学的良性循环,使"教—学—管"的"铁三角"关系更加紧密和相互促进。我们引入了第三方数据监控专家CNZZ来对成都电大电大在线教学平台进行教学数据的动态监控。

(一)教学平台整体数据态势良好(2012—2015年)

2012—2015年,成都电大在线教学平台"流量分析-趋势分析"的整体数据逐年攀升,教学质量得到了充分检验(见图6-1～6-4)。

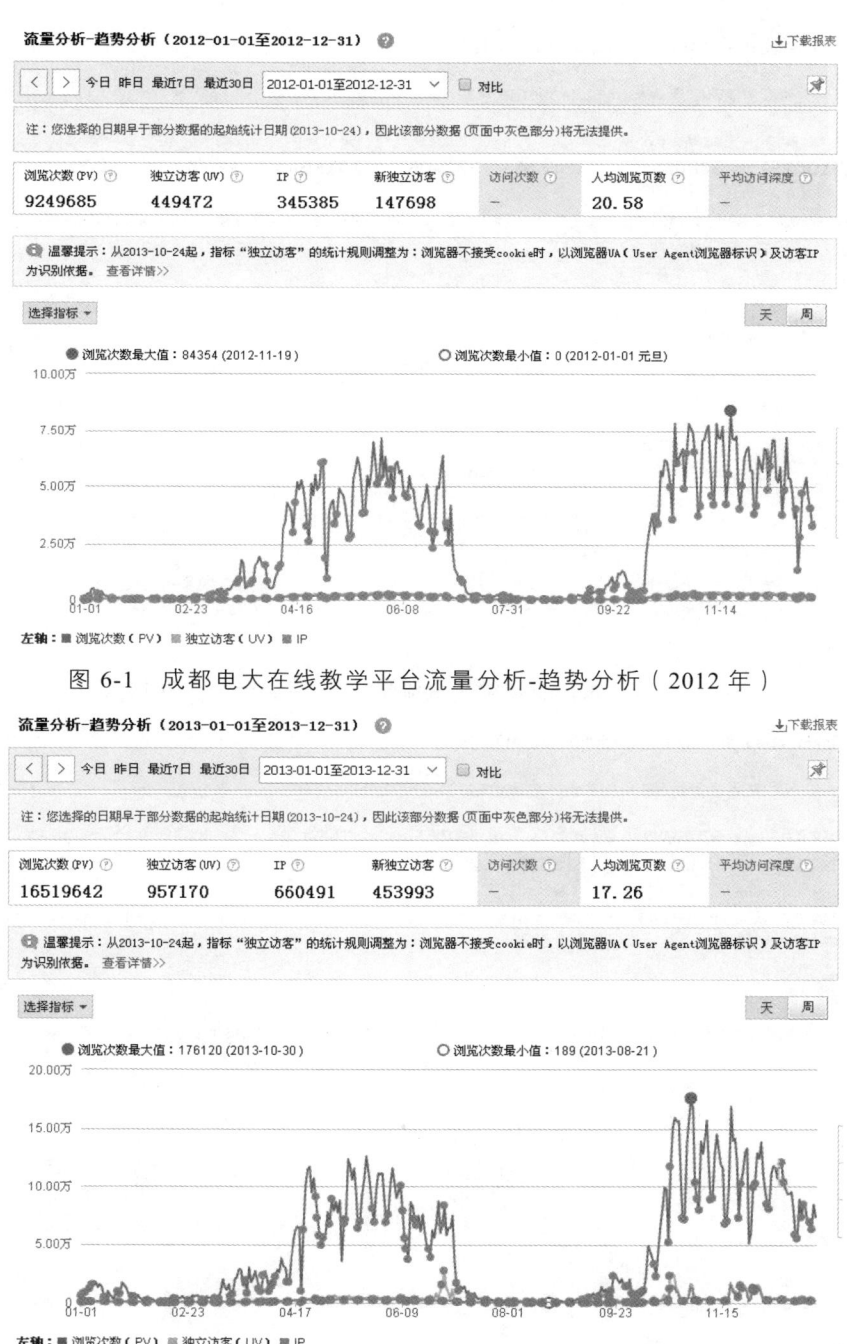

图 6-1　成都电大在线教学平台流量分析-趋势分析（2012 年）

图 6-2　成都电大在线教学平台流量分析-趋势分析（2013 年）

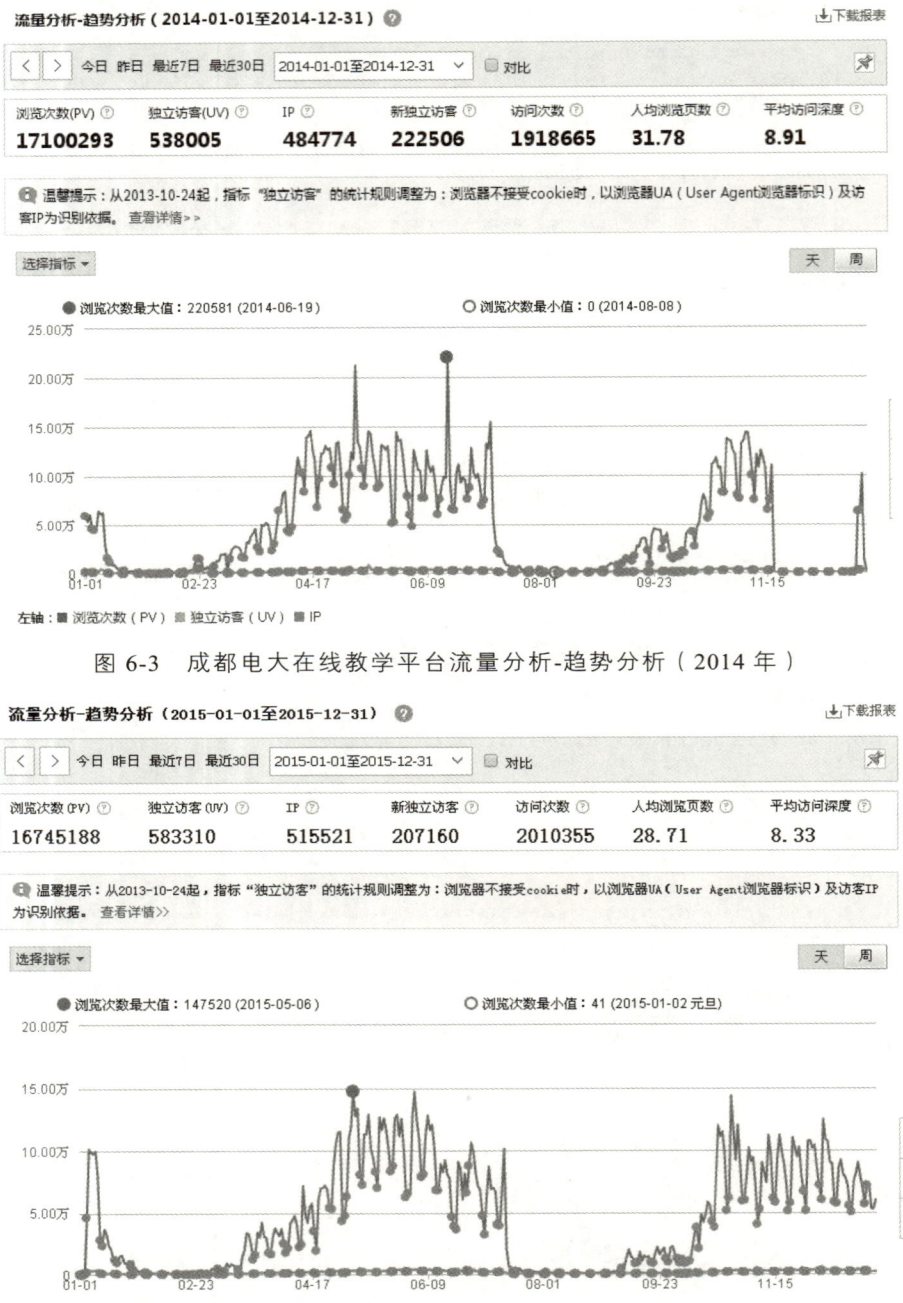

图 6-3　成都电大在线教学平台流量分析-趋势分析（2014 年）

图 6-4　成都电大在线教学平台流量分析-趋势分析（2015 年）

（二）教学平台各项指标纵向比较（2012—2015年）

1. 年度浏览次数和访问次数的纵向比较

从2009年起，成都电大积极建设优质网络课程，加速推进网络课程的应用实践。根据CNZZ的数据统计结果，成都电大在线课程教学平台的年度浏览次数和访问次数的统计折线图如图6-5所示。

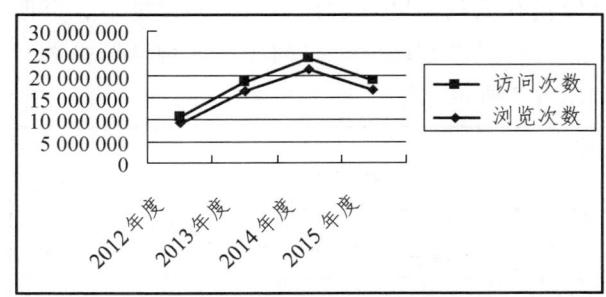

图6-5　电大在线教学平台年度浏览次数和访问次数的纵向比较（2012—2015年度）

从图6-5可以看出，2012—2015年，成都电大在线课程教学平台首页被访问的次数和访问者登进平台进行课程资源浏览的次数均突破千万大关，是成都电大办学历程中具有划时代意义的里程碑。

2. 年度独立访客数和IP数的纵向比较

为了充分证明四年中师生教学双方网络行为的真实性，我们将研究指标锁定在独立访客和IP上，根据CNZZ的数据统计结果，成都电大在线课程教学平台的年度独立访客数和IP数的统计折线图如图6-6所示。

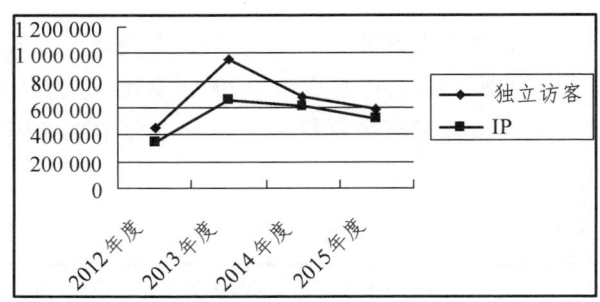

图6-6　电大在线教学平台年度独立访客数和IP数的纵向比较（2012—2015年度）

从图6-6中可以看出，2012—2015年，成都电大在线课程教学平台独立访客数和IP地址数登录平台进行课程资源学习均突破40万大关，若按照成都电大在籍5万学生的数量进行计算，平均每一个学生会采用8个IP地址进行独立访问成都电大在线教学平台，这充分印证了成都电大"时时能学、处处可学、人人皆学"的办学理念和教育教学宗旨。

3. 年度人均浏览页数和平均访问深度的纵向比较

为了充分证明四年中师生教学双方进入平台后具体教学行为的真实性，我们将研究指标锁定在人均浏览页数和平均访问深度上，根据CNZZ的数据统计结果，成都电大在线课程教学平台的年度人均浏览页数和平均访问深度的统计折线图如图6-7所示。

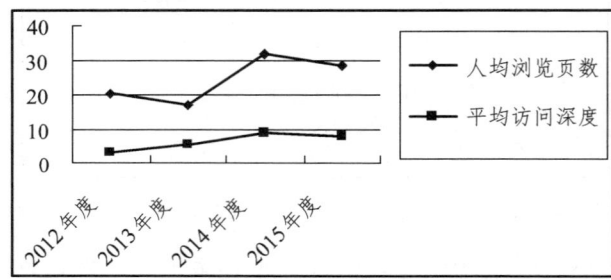

图6-7　电大在线年度人均浏览页数和平均访问深度的纵向比较（2012—2015年度）

从图6-7中可以看出，2012—2015年，成都电大在线课程教学平台年度人均浏览页数为20~30，访问者对平台课程资源浏览学习的平均页面数超过20个，平均访问深度超过了4，这充分说明成都电大课程平台资源的兴趣性、有效性和有用性。

（三）教学平台整体数据形势喜人（2016—2017年）

2016—2017年，成都电大开放教育学员全部在国家开放大学学习网上实施教学与考核，我们按照"学生行为次数总和""学生人均行为次数"和"学生人均在线天数"三大指标进行数据挖掘，成都电大学生在国家开放大学学习网的教学数据形势喜人，如表6-1所示。

表6-1　国开学习网学生行为数据表（2016—2017年）

关键指标	2016春	2016秋	2017春	2017秋
学生行为次数总和/（个）	1 789 259	13 347 912	17 343 958	20 428 610
学生人均行为次数/（次）	180.99	552.25	727.67	557.64
学生人均在线天数/（天）	11.33	29.27257	34.19	8.02

1. 行为次数总和对比

2016年，成都电大学生在国家开放大学教学平台上的学生行为次数总和约为1 513万。2017年，成都电大学生在国家开放大学教学平台上的学生行为次数总和约为3 777万。2017年学生行为总和是2016年学生行为总和的2.49倍，如图6-8所示。

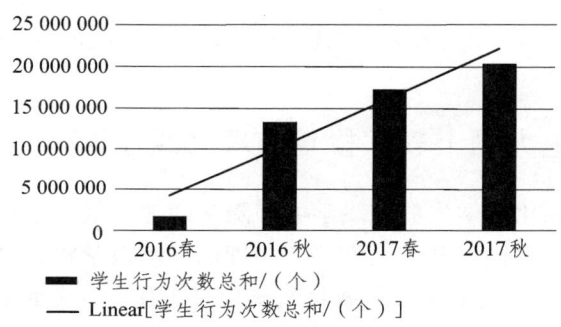

图6-8　国开学习网学生行为次数总和对比图（2016—2017）

2. 人均行为次数对比

2016年春季，成都电大学生在国家开放大学教学平台上的人均学生行为次数为180.99次。2017年春季，成都电大学生在国家开放大学教学平台上的人均学生行为次数为727.67次。2017年春季学生人均行为次数是2016年春季学生人均行为次数的4.02倍，如图6-9所示。

图6-9　国开学习网学生人均行为次数对比图（2016—2017年）

3. 人均在线天数对比

2016年春季，成都电大学生在国家开放大学教学平台上的人均在线天数为11.33天。2017年春季，成都电大学生在国家开放大学教学平台上的人均在线天数为34.19天。2017年春季学生人均在线天数是2016年春季学生人均在线天数的3倍，如图6-10所示。

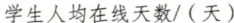

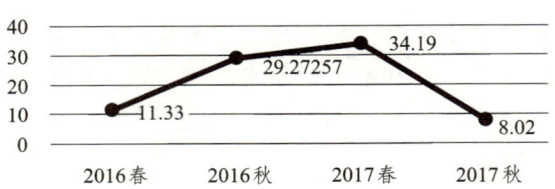

图 6-10 国开学习网学生人均在线天数对比图（2016—2017）

二、中央电大网上教学检查实现"四连冠"

过程化考核强化了学生的在线学习和随学随考，极大地促进了国家开放大学（成都分部）在国家开放大学一年一度的网上教学检查之中屡创佳绩。

（1）在 2011 年中央电大开放教育教学检查工作中，成都电大在网上教学工作在总体比较突出的 10 家省级学校中位列第 6，与 2010 年网上教学检查相比，进步比较明显的 6 家省级学校中成都电大位列第一。（电校评估〔2012〕06 号）

（2）在 2012 年中央电大开放教育教学检查工作中，成都电大网上教学工作在总体比较优秀的 10 家省级学校中位列第 3。上级主管部门的教学检查通报中，特别提到"成都电大通过改造学习平台，优化了网上教学环境；通过网上教学观察制度，促进了网上教学的实施效果；加强了实时和非实时教学活动的组织、督导和监控"。（电校评估〔2013〕2 号）

（3）在 2013 年中央电大开放教育教学检查工作中，成都电大网上教学工作在总体比较突出的 10 家省级学校中位列第 1。上级主管部门的教学检查通报中，特别提到"成都电大高度重视教育教学质量，不断完善网上教学的基本规范和制度，充分发挥网上教学行为数据的统计和跟踪作用，在调动师生参与网上教学、形成和活跃网上学习氛围方面做了积极努力，取得了较好效果"。（电校评估〔2014〕4 号）

（4）在 2014 年国家开放大学开放教育教学检查工作中，成都电大网上教学工作在总体比较突出的 10 家省级学校中位列第 1。上级主管部门的网上教学检查通报中，特别提到"成都电大进一步加大督导检查力度，在既有常态检查机制基础上，建立健全相关管理制度和分部与学习中心之间的网上教学联运机制，建立健全网上教学相关信息的公开、查询、分析制度，同时加大非统设课网上学习与网上考试的改革力度,有效地促进了学生的网上学习意愿,培养了学生的网上学习习惯","成都电大通过多种形式对全系统的教学管理人员及班主任进行基于学习网的技能培训;积极探索网络、面授、小组学习、课程实践之间的有效融和"。(国开支持〔2015〕2号)

(5)在2015年国家开放大学开放教育教学检查工作中,成都电大网上教学工作在总体比较突出的10家省级学校中位列第1。上级主管部门的网上教学检查通报中,特别提到"成都分部对网上教学机制建设、网上教学资源管理、网上教学活动管理、网上学习支持管理、网上学习环境营造等多维视角进行落实,提升基于电大在线和国开学习网的教学、考核、服务的品质。对于试运行的32门网络核心课,责任教师在教学设计、平台布局、资源应用、活动设计、教学实施等诸多环节进行探索和实践"。(国开支持〔2016〕3号)

(6)在2016年国家开放大学开放教育教学检查工作中,成都电大网上教学工作在总体比较突出的10家省级学校中位列第1。上级主管部门的网上教学检查通报中,特别提到"成都分部不断提升基于学习网的学习、教学、考核、服务和管理的质量;强调课程资源建设的实用性;围绕师生'上线、资源、活动、形考'等元素,通过网上教学数据的监控、采集、分析、公开等措施分析评价网上教学的效果;重新制定了教师工作量考核办法、实践教学管理办法、教师教学绩效考核办法等制度,进一步规范教学。江苏分部进一步健全了网上教学的规章制度,完善了教学过程的'导、助、促、评'体系;加强教学团队建设,基本形成了结构合理的师资队伍;通过持续培训和激励,实现了教学和教学管理工作质量和内涵的有效提升"。(国开评估〔2017〕4号)

三、学生对在线直播课的满意度评价良好

2015年春季学期开始,成都电大租用北京展视互动科技有限公司的直播系统开展基于"互联网+"的面授远程直播教学活动。在线直播成为在线教育中不可或缺的教学活动,为了有效地掌握学生对在线直播课的满意度情况,我们将调查问卷通过直播系统进行随机发放。目前,问卷星系统共计回收1 341份调查问卷。从调查结果分析,97%的学生对在线直播课的满意度评价良好。表6-2是在线直播课满意度调查问卷的默认报告。

表 6-2　在线直播课满意度调查问卷默认报告

1. 教师按时授课，无迟到、早退现象。　　[单选题]

本题平均分：4.9

选项	小计	比例
非常满意	1 208	90.08%
满意	130	9.69%
一般	2	0.15%
不满意	0	0%
很不满意	1	0.07%
本题有效填写人次	1 341	

2. 直播课主题符合教学目标和要求。　　[单选题]

本题平均分：4.86

选项	小计	比例
非常满意	1 163	86.73%
满意	172	12.83%
一般	3	0.22%
不满意	2	0.15%
很不满意	1	0.07%
本题有效填写人次	1 341	

3. 教学内容充实,有用。　　[单选题]

本题平均分：4.83

选项	小计	比例
非常满意	1 131	84.34%
满意	201	14.99%
一般	7	0.52%
不满意	1	0.07%
很不满意	1	0.07%
本题有效填写人次	1 341	

4. 知识点讲解条理清楚,重点突出。 [单选题]

本题平均分:4.83

选项	小计	比例
非常满意	1 124	83.82%
满意	209	15.59%
一般	7	0.52%
不满意	0	0%
很不满意	1	0.07%
本题有效填写人次	1 341	

5. 教学语言生动,富有感染力。 [单选题]

本题平均分:4.8

选项	小计	比例
非常满意	1 095	81.66%
满意	232	17.3%
一般	12	0.89%
不满意	0	0%
很不满意	2	0.15%
本题有效填写人次	1 341	

6. 教态自然、亲切,衣着整洁。 [单选题]

本题平均分:4.84

选项	小计	比例
非常满意	1 135	84.64%
满意	199	14.84%
一般	6	0.45%
不满意	0	0%
很不满意	1	0.07%
本题有效填写人次	1341	

7. PPT 教案简洁、清楚,可读性强。　　[单选题]

本题平均分:4.82

选项	小计	比例
非常满意	1 120	83.52%
满意	210	15.66%
一般	9	0.67%
不满意	0	0%
很不满意	2	0.15%
本题有效填写人次	1 341	

8. 教学态度端正、教学准备充分。　　[单选题]

本题平均分:4.86

选项	小计	比例
非常满意	1 157	86.28%
满意	179	13.35%
一般	3	0.22%
不满意	1	0.07%
很不满意	1	0.07%
本题有效填写人次	1 341	

9. 直播课后学有所获。　　[单选题]

本题平均分:4.81

选项	小计	比例
非常满意	1 097	81.8%
满意	231	17.23%
一般	10	0.75%
不满意	2	0.15%
很不满意	1	0.07%
本题有效填写人次	1 341	

10. 直播课程总体评价。　　　[单选题]

本题平均分：4.83

选项	小计	比例
非常满意	1 135	84.64%
满意	196	14.62%
一般	4	0.3%
不满意	3	0.22%
很不满意	3	0.22%
本题有效填写人次	1 341	

四、"成都模式"正走向总部和各分部

（一）参访来访

近两年来，国家开放大学总部的教务处、考试中心、学习支持服务中心、质量控制和评价中心、经济管理教学部、文法教学部及其培训学院等多部门多次到成都电大调研线上教学活动的开展及在线教育教学模式。

与此同时，国家开放大学办学系统中的北京电大、湖南电大、浙江电大、云南电大、海南电大、贵州电大、宁波电大、武汉电大、西安电大、兵团电大及四川电大等多家兄弟院校参访成都电大，座谈线上与线下相融合的混合教学模式及教学教育改革历程等方面的实践经验和心得体会。

（二）送培上门

近两年来，成都电大学习支持服务中心老师受兄弟院校诚邀先后前往四川电大、内蒙古电大、浙江电大、海南电大、重庆电大、国开总部、西安电大、甘肃电大、广西电大、北京开大和湖北电大进行送培上门，重点输出了成都在线教育教学改革历程和在线教育教学模式，有力推动了"成都模式"冲出四川，走向全国（见图 6-11 和图 6-21）。

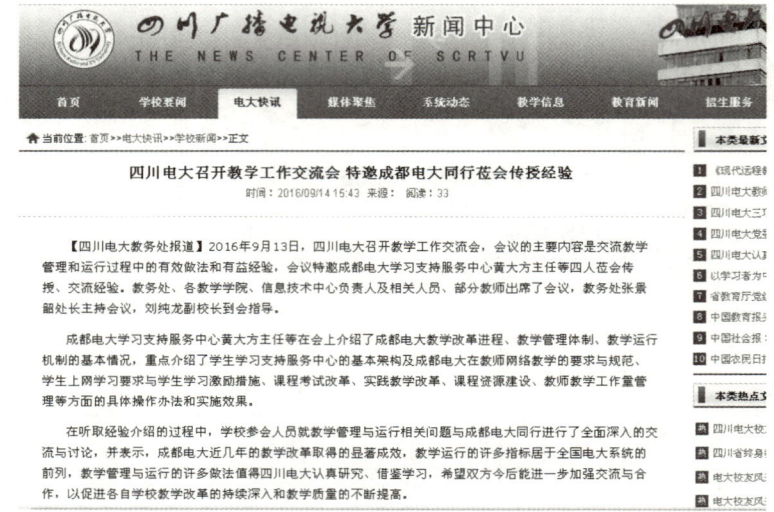

图 6-11　成都电大黄大方老师送培上门于四川电大（2016 年 9 月 13 日）

12月15至16日，2016年全区电大教学工作会隆重召开，内蒙古广播电视大学校长陈志平，副校长哈萨、李建军出席会议，各盟市电大、行业电大相关领导，教学点负责人、校部各部门负责人以及全体专兼职教师参加了会议。

会议由李建军副校长主持。

本次会议经验交流环节，突出横向平行学习。大会特别邀请成都电大学习支持服务中心主任黄大方教授和郭明全老师就网上教学活动方面作了专题报告。黄大方老师就成都电大在网上教学工作的思考、行动及效果进行了全面的展示，郭明全老师介绍了成都电大网上教学办理办法，成都电大网上教学的改革与创新体现了互联网+时代远程教学的新理念，课程考核改革效果明显、流程再造促推教学能力提高，制度建设理顺规范教学行为。

图 6-12　成都电大黄大方和郭明全老师送培上门于内蒙古电大（2016 年 12 月 15 日）

第六章 充分利用"互联网+"开展在线教学活动的教育教学改革效益◎ **135**

按照国家开放大学"两学一做"学习教育实施方案的安排,国家开放大学党委于12月20日上午组织召开了"两学一做"学习交流分享会暨"谈体会、讲思路、谋发展"交流会。会议邀请了理工教学部党支部书记袁薇、事业发展与合作办学部部长李彦忠、学习支持与学生事务中心副主任程毯、成都分部学习支持服务中心主任黄大方、外语教学部副教授韩艳辉分别从党支部工作、"十三五"规划、网上教学改革、网上教学实践探索和团队在线辅学模式的教改探索等方面分享交流了学习体会,全校近200名教职员工参加了交流分享会。

袁薇介绍了开展"两学一做"学习教育以来,理工教学部党支部学什么、怎么学和怎么做等问题,分享了"两学一做"学习教育在支部建设中起到了推动支部思想建设和组织建设,教育党员,提升党员党性、作风和业务水平的重要作用。李彦忠围绕"落实五大发展理念,推进国开事业发展",分享了制定国家开放大学"十三五"发展规划的体会。程毯通过网上教学的管理优化、网络教学团队的实践探索、学习支持服务建设等方面,介绍了"六网融通"模式下网上教学的改革进展和推进思路。黄大方就成都分部网上教学的实践探索,与大家分享了关于网上教学的四点思考、三项行动和多项教学效果。韩艳辉以媒体辅助英语教学为例,介绍了"跨区域、一站式团队在线辅学模式"的探索。5位同志交流分享的内容从宏观到微观,从党建到业务,从不同的侧面谈体会、讲思路、谋发展,让广大教职工深受教育和启发。

图 6-13 成都电大黄大方老师送培上门于国家开放大学总部
(2016 年 12 月 20 日)

图 6-14　成都电大郭明全老师送培上门于浙江电大（2017 年 3 月 21 日）

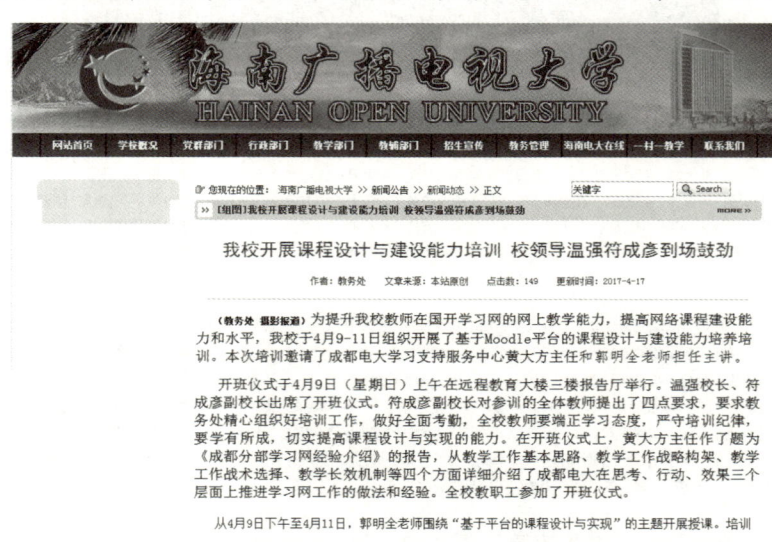

图 6-15　成都电大黄大方和郭明全老师送培上门于海南电大（2017 年 4 月 9 日）

第六章 充分利用"互联网+"开展在线教学活动的教育教学改革效益◎ 137

【供稿/田蜜】4月10日至12日，重庆广播电视大学联合国家开放大学信息化部和教师发展中心，在石桥铺校区成功举办了第三期国家开放大学学习网应用研修班，旨在提升开放大学教师应用网开展混合式教学及在线教学支持服务的能力，解决基层电大学习网操作技能之所需。来自我校及湖北电大的120余名一线教师参加了研修培训。

10日上午的开班仪式上，我校校长李国在致辞中代表重庆电大全体师生员工，感谢国家开放大学对基层教师成长的关注，对各位参训老师的到来表示诚挚的欢迎，并对研修班顺利开办表示热烈的祝贺。李校长还介绍了我校近年来教育教学改革所取得的成绩和学习网试点工作的基本情况。随后，国开大党委书记李凌回顾了国家开放大学建设历史、当前面临的困难与挑战，肯定了这种分片区开展业务培训的重要性。

开班式后，国家开放大学信息化部长蒋国珍从"学生参与在线教学中的重要性"、"如何促进学生参与在线学习"、"学生参与在线学习的做法与效果"三个方面，深入浅出地作了题为"在线教学中如何促进学生参与"的主题报告。成都电大黄大方处长和边明伟教授分别就学习网管理、应用和具体课程建设案例，分享了成都电大的好经验、好思路、好做法，学员们表示受益颇丰、感触良多。

图6-16 成都电大黄大方和边明伟老师送培上门于重庆电大（2017年4月10日）

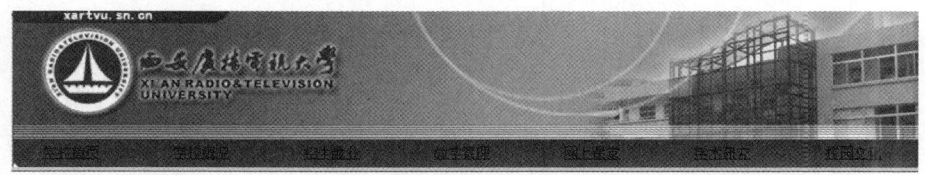

对标先进补短板 提升能力谋发展

我校开展2017年暑期教职工业务能力提升培训活动

《西安电大报》特约记者·朱彤·强伟锋·杨彩霖·摄影·李昕燃）为进一步提升教学及办学部门人员队伍素质能力，适应成都电大办学拓展与教学改革需要，不断推进网上教学成效。2017年7月8日至10日成都电大开展教职工教学、教学管理、办学业务能力提升培训活动。本次活动特邀成都广播电视大学学习支持服务中心黄大方主任、国家开放大学天府实验学院彭涛院长、成都广播电视大学学习支持服务中心学习事务部边明伟科长、教学管理资源建设科郭明全科长做专题培训。同时就成都电大课程教学团队能力提升、国家开放大学学习网建课以及本科学生毕业论文平台等内容做了专题培训。成都电大副校长赵丽玲、校长助理师涛，教务处、各教学部专兼职教师、督导室、成人教育管理处、教育技术与资源中心、科研处部门负责人及各办学单位负责人、教学主管参加培训。↵

培训会上，黄大方立足网上支持服务，围绕网上教学做了专题报告。他重点从开展混合教学的实现路径及效果评价、理清教学与管理工作的因果关系，对教学做好工作的思考、成都电大就网上教学的实践应用等方面做了深入细致的介绍。↵

郭明全重点从成都电大的教学管理工作、教育准备工作、教学组织实施三个方面就成都电大在教学管理的成功做法和与实践与大家进行交流分享。↵

边明伟老师围绕国开学习网的使用，重点就资源建设、课程迁移以及学习网课程实际等方面做了详细介绍。↵

在办学与招生方面，彭涛通过对比分析西安成都两市市情，重点就办学体系、培育市场、挖掘政策红利等现实问题和工作思考做了专题报告。↵

在讨论环节，成都电大教职工与成都电大四位老师进行了热烈的问答互动交流。认真听取成都四位老师的精彩报告后，赵丽玲代表西安电大对成都电大一行传经送宝表示感谢。她指出，成都和西安两市有很多的相似之处，西安电大和成都电大一直保持密切联系，两校在资源建设、教学改革等方面开展友好合作，在直属办学方面相互借鉴，相互学习。近年来，成都电大在内涵建设方面做了积极的探索，积累了丰富的办学和教学经验，成绩显著。通过四位老师代表成都电大做了真诚详实的报告，使我们对成都电大在教学改革，特别是网上教学采取的积极有效措施有了全新的认识。赵丽玲强调，成都电大所取得的成绩和成都电大人执着、敬业、职业和专业的积极进取精神密不可分，这种精神值得成都电大全体教职工学习。↵

图 6-17 成都电大黄大方、彭涛、边明伟和郭明全老师送培上门于西安电大（2017 年 7 月 8 日）

甘肃广播电视大学
国家开放大学（甘肃）
人人皆学 处处可学 时时能学

网站首页 校情总览 组织机构 教育教学 服务频道 学习资源 招生资讯 科学研究 学校文化 信息公开

校园新闻
· 省校

省校 当前位置: 网站首页 > 省校 > 正文

我校举办“基于国开学习网教师教学能力和业务水平提升”专题讲座

2017-11-21 点击：[164]

【教务处（教学督导中心）报道】为创新网上教学和学习支持服务模式，推动“六网融通”教学模式的改革探索，我校于11月15日-16日邀请成都广播电视大学学习支持服务中心边明伟、郭明全2位主任以双向视频远程讲座形式，就国开学习网课程教学组织、省开课程建设规划等重点内容，向我校全体教师进行经验交流。副校长王宏宁、全体教学及教学管理相关人员、信息中心、资源中心人员参加了培训。

边明伟副教授分享了成都电大在国开学习网课程教学活动的组织、设计与实施情况，结合生动丰富的网上教学案例，展示了成都电大网上教学的规划组织、实践教学的活动创新、教学考核平台的融合互通、教师团队的建设等。郭明全副教授则从教学管理的角度介绍了影响网上教学的各种因素，介绍了成都电大的网上教学评价机制、教师管理和资源建设的相关策略及经验。两位专家随后与我校教师进行了热烈的交流互动与答疑。

培训结束后，王宏宁副校长向成都电大两位专家表示感谢，并对本次培训工作总结。王宏宁指出，本次培训拓宽了眼界，加强了交流，各教学相关部门要在思想上统一认识，正视差距，认真学习成都电大网上教学的宝贵经验，结合我省实际，总结网上教学各环节的问题，规范教师教学管理，做实教学支持服务，提升团队建设水平，建设优质课程和重点专业，全面深化教学综合改革。

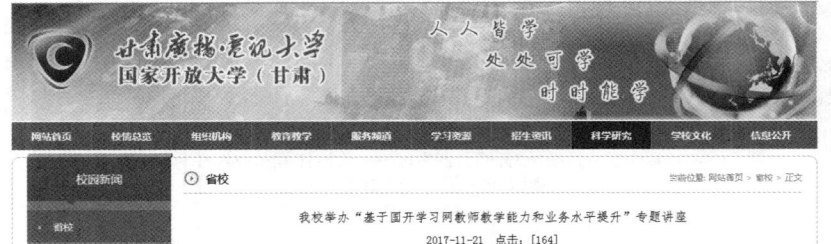

图 6-18 成都电大边明伟和郭明全老师远程送培上门于甘肃电大（2017 年 11 月 15 日）

第六章 充分利用"互联网+"开展在线教学活动的教育教学改革效益◎ 139

图 6-19 成都电大边明伟和郭明全老师送培上门于广西电大
（2017 年 11 月 17 日）

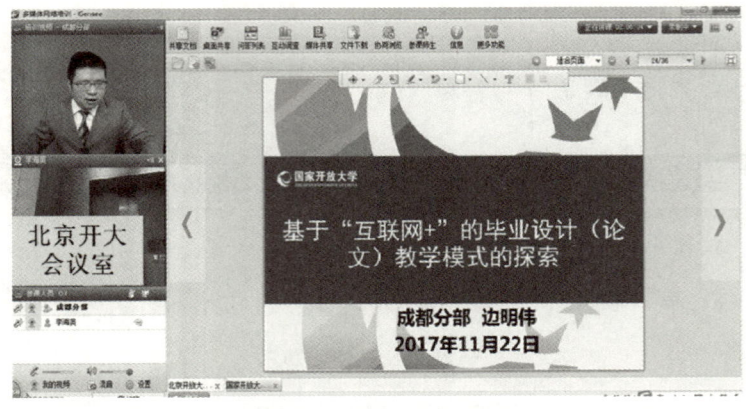

图 6-20　成都电大边明伟和郭明全老师远程送培上门于北京开大
（2017 年 11 月 22 日）

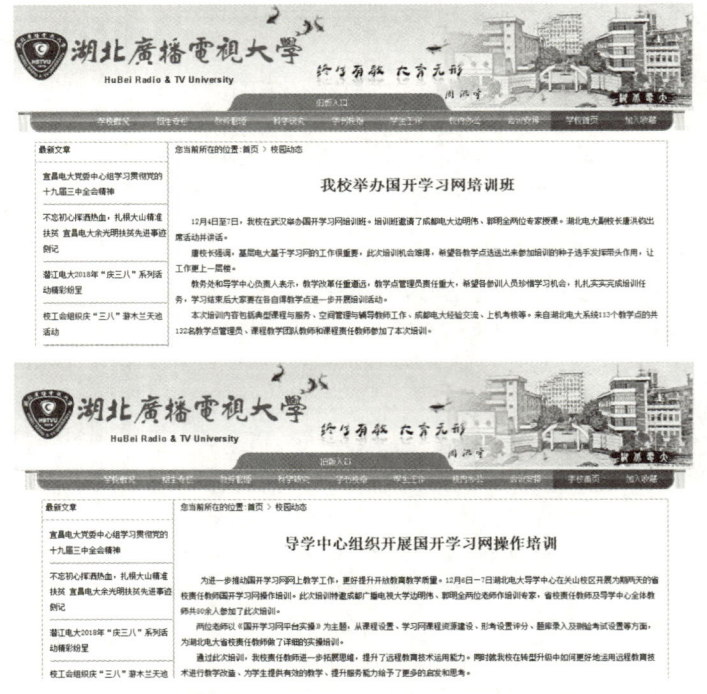

图 6-21　成都电大边明伟和郭明全老师送培上门于湖北电大（2017 年 12 月 4 日）

（三）两学一做

2016 年 12 月 20 日，受国家开放大学党委的邀请，成都电大学支中心黄大方主任前往北京,参加国家开放大学"两学一做"学习教育活动,并进行了"明确师生在线教学要求,保证在线教学健康发展"的主题发言,效果良好(见图 6-22~图 6-28)。

国家开放大学

成都广播电视大学:

　　国家开放大学党委于 12 月 20 日组织召开了"两学一做"学习交流分享会暨"谈体会、讲思路、谋发展"交流会,会议邀请成都分部学习支持服务中心主任黄大方,介绍了成都分部网上教学的实践探索,与大家分享了关于网上教学的思考,展示了多项教学效果。成都分部在网上教学上做得实、做得细、做得深。进一步总结提炼后,值得在全国其他分部推广学习。

国家开放大学党委办公室
2017 年 1 月 4 日

图 6-22　国家开放大学党委对成都电大网上教学实践探索与研究的评价

国家开放大学

关于成都电大网上教学实践探索与研究的证明

在连续三年全国 44 所开放大学省级分部的网上教学检查中成都电大排名第一，对学生网上学习积极性和学习效果起到了促进作用；专家通过多次对成都电大网上教学检查，认为成都电大通过积极探索互联网+的远程教育模式，加强基于互联网的教学管理和教师培训，有效地提升了整体的教学质量和效果。网上教学资源日益丰富，学生对网络课程的参与程度和应用效果稳步提高，线上和线下教学逐步融合，混合式教学的模式探索已经显现出了很好的效果。

成都电大近两年在开放大学教学工作会议、教学团队研讨会等多次会议报告、交流中分享了其探索成果和经验，起到了很好作用，其中，成都电大的网上课程模板式建设方式在全国多个分部和总部的一些课程中已经得到了应用；其教、学、测、管一体化的模式也被多个分部借鉴应用。成都电大的模式探索和经验推广对于国家开放大学网上教学的快速推进和效果提升起到了很好的作用。

图 6-23　国家开放大学学支中心对成都电大网上教学实践探索与研究的证明

第六章 充分利用"互联网+"开展在线教学活动的教育教学改革效益◎ 143

数据显示：兵团、成都、江苏居国家开放大学学习网相对访问量前三

国家开放大学信息化部 （发布日期：2016-11-30） 浏览次数：2122

11月16日，本网站发布了《国家开放大学学习网访问量排名前10，你校在其中吗？》一文，报道了各分部师生访问学习网的总流量、请求数及排名，引起了各分部高度关注。一些分部希望了解本省（市）实时动态数据，想知道自己的排名情况。各省校近日访问量排名有变化吗？能按照本学期选课人数给出相对排名吗？国家开放大学信息化部对此做出回应。

一、近期总流量和请求数排名

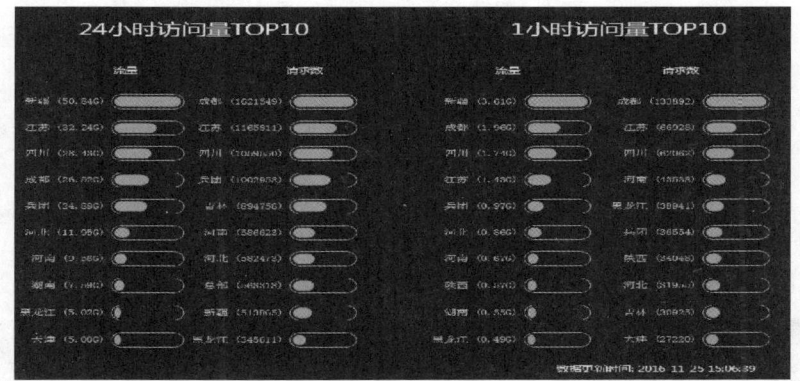

图1. 11月25日Top10排名

三、从相对数看各省访问量和请求数

各省总流量和请求数可以一定程度反映情况，但对于招生数较少的省校用绝对总流量说明问题有一定的局限性，表1和表2分别统计了相对于本学期选课人数的访问量和请求数排名前10位的地区（统计数据以11月29日14:06为准）。

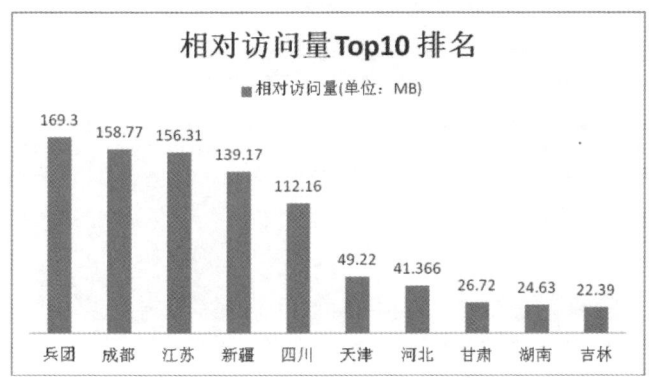

表1. 相对访问量Top10排名

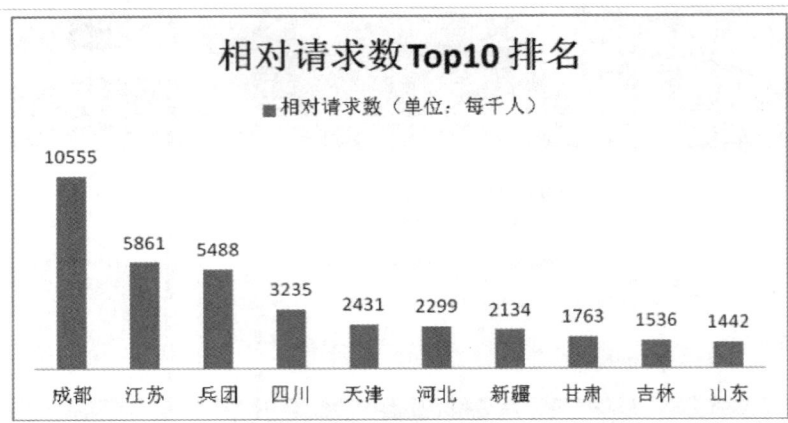

表2. 相对请求数Top10排名

表1显示相对访问量排名前5位的地区为兵团、成都、江苏、新疆、四川,兵团虽然选课总人数较少,但其相对访问量位居前列,可见其师生活跃度较高。

表2显示了每千人的相对请求数,排名前5位的地区为成都、江苏、兵团、四川、天津,成都的相对请求数较其他地区明显较多。

图6-24 国家开放大学信息化部对成都电大网上教学数据的肯定与表扬之一

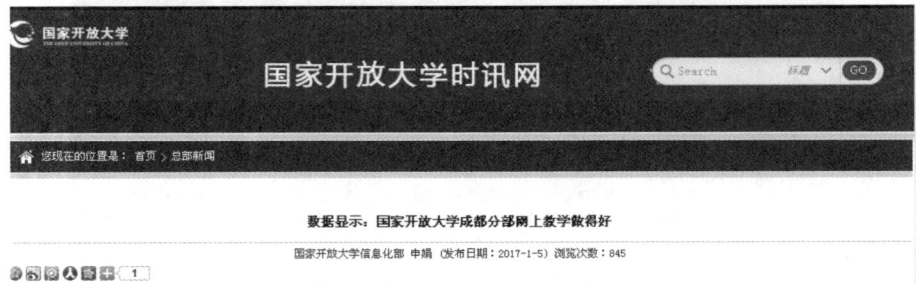

第六章　充分利用"互联网+"开展在线教学活动的教育教学改革效益◎ 145

图 6-25　国家开放大学信息化部对成都电大网上教学数据的肯定与表扬之二

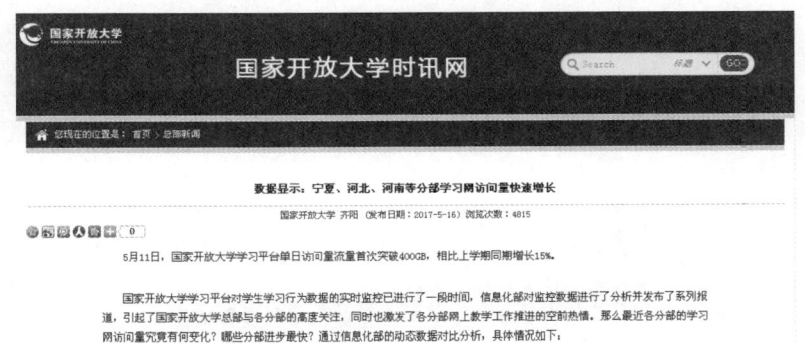

图 6-26　国家开放大学信息化部对成都电大网上教学数据的肯定与表扬之三

图 6-27 国家开放大学信息化部对成都电大网上教学数据的肯定与表扬之四

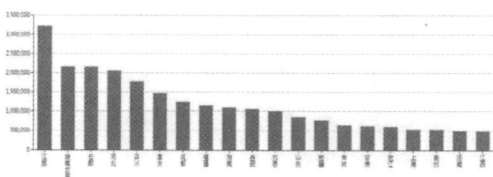

第六章 充分利用"互联网+"开展在线教学活动的教育教学改革效益 147

"读国开、学知识、拿文凭、交朋友",这不仅是成都分部招生宣传口号,也是成都分部教学应达到的目标。面对互联网时代,如何使学习者学有其所、学有其教、学有其助、学有其效、学有其值,有效途径是实现线上与线下的融和。成都分部始终坚持把教与学、考与管根植于互联网这个大平台,通过制定和落实师生、机构等在线教学、管理的主要任务、基本规定等,确保师生在线行为持续、有效、均衡发生。国家开放大学成都分部学习支持服务中心主任黄大方详细介绍了其中的具体做法。

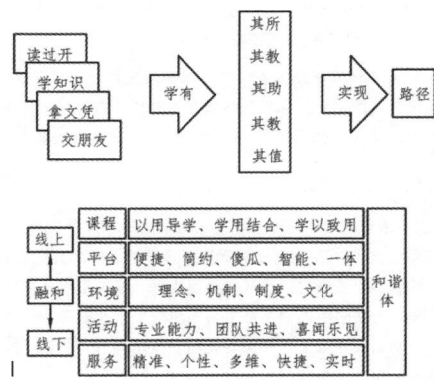

一、在线教学的主要任务

1. 学生在线学习的主要任务

学生在学习平台的主要任务包括登陆学生空间、在线完成学习和形考任务等。登陆学生空间的主要任务是完善相关信息、查询学习信息。在线完成学习和在线形考主要是指学生浏览各类教学文件和网上资源、参加各类教学活动(在线直播、在线论坛交流)、完成在线形考任务等,处理好上线次数、上线频率、上线时长、上线周期平衡之间的关系。

2. 教师在线教学的主要任务

结合责任教师和辅导教师的分工,其完成的职责与任务各有不同。结合不同的课程类型,责任教师主要完成课程设计和课程网服工作,其中,前者主要包括学习需求分析、课程资源设计、课程教学设计、课程设计评估;后者主要包括课程设计、平台管理、在线活动、资源与服务、行为管理、运维报告等。辅导教师主要是做好在线形考评阅、学习过程跟踪、在线活动组织、补充学习资源等。

3. 机构在线教学管理的主要任务

机构主要是从认识跟进、组织得力、方法得当、多方促进等方面加强保障。基础是做好学生选课组班工作,重点是做好师生技能培训、网上教学组织、网上教学跟踪等工作。具体而言,包括组织和促进学生网上学习,完成形考任务,组织和促进教师上网完成教学工作,监控学生和教师网上行为。

二、在线教学的基本规定

教育部在《办好开放大学的意见》中指出:健全网上自主学习规则,明确学生学习内容、时长、方式、评价等方面的要求,确保学生网络自主学习严格、规范、可监测、可评价。成都分部在网上常规教学的着力点主要包括:

1. 明确师生在线教学的基本规定

以网上教学规划与组织作为抓手,在网上教学上敢于和善于要求,无论是教师还是学生都紧紧围绕"上线、资源、活动、形考"这8个字做工作,实现学生真学、真考,教师真教、真评,机构真管理、真服务。

学生网上教学基本规定。以课程和学期为单位,在线出勤周数、出勤天数、行为次数分别要达到5周、10天、100次,参加在线教学活动至少2次。学生参加情况纳入课程在线学习成绩。

教师网上教学基本规定。以课程和学期为单元,出勤月数、出勤周数、行为次数分别要达到5月、10周、100次;组织在线教学活动的课程门数直播教学场次、论坛教学场次分别不低于5月、10讲、10场。教师执行情况纳入常规考核。

2. 学生在线学习情况纳入课程综合成绩。

以课程学习与考核改革作为突破口,主要是重新设置课程成绩,将学生的在线学习成绩纳入课程成绩之中,如省开课程和中开核心课程的成绩中,有20%属于课程在线学习成绩,这部分成绩由在线行为次数50%、在线出勤天数30%、在线出勤周数20%这3部分构成。

三、分部和学习中心管理与服务聚焦

1. 在线教学活动联动机制。教学活动由学支中心统筹规划、运行监控;教研室设计主题、教师参加;办学单位组织学生选择参加;学生积极参加,参加情况纳入课程学习在线成绩。以课程实时或开放导学为例,管理部门从导学课程的专业分布、导学主题、导学时间在学期内的月度分布、周度分布及时间段分布等方面进行审查;要求教师实时导学前提交和上传相关讨论材料供学生预习;教师需对讨论进行总结,并将讨论总结作为资源上传课程平台或者置顶讨论区。

2. 在线教学数据分析。分部对网上教学的数据收集、数据分析、数据应用等更加重视,通过对网上教学数据的采集、监控、分析、公开等分析评价网上教学的效果。

3. 在线教学氛围营造。营造一个好的网上教学氛围,让平台充满吸引力和绽放活力。

一是从教学内容的针对性、适合性方面着手,要求基于平台的资源和活动按照以用导学、学用结合、学以致用的原则,围绕课程在线平台这个主体,建设实用、够用、简约、本土化的网上资源,开展适合成人、远程特点的教学活动,特别是注意处理好线上与线下的融和。

二是从课程平台设计的简洁性和美观性着手。本着方便学生、方便办学单位管理、方便网络学习的要求,平台资源在建设上尽可能符合资源的视频化、生活化、生动化、网络化、方便化、标准化要求。

通过上述努力,成都分部的网上教学正在步入良性的局面。学生上网学习了、教师上网教学了、机构上网服务了,相关人员基于网络教学的认同感、成就感、荣誉感日益厚重。据不完全统计,2016年成都分部在线教学师生行为次数2600万次,动态数据显示稳居全国所有分部之首。

当然展望未来,我们还要从软的方面如在线教学的理念、价值观、英雄观、氛围等视角进一步营造成都在线教学的良好环境。

图6-28 国家开放大学时讯网对成都电大在线教学的独家专访和报道

参考文献

[1] 毛方. 试论现代教育技术在职业技术教育中的运用[J]. 课程教育研究, 2018（05）：11.

[2] 赵冬昀. 基于混合教学模式的体育类 SPOC 课程建设研究探索与意义[J]. 中国信息技术教育, 2018（01）：96-100.

[3] 潘薇. 浅析"翻转课堂"在高职教学中的应用——以江西财经职业学院《基础会计》教学为例[J]. 现代职业教育, 2017（36）：174-175.

[4] 杨小翠. 基于 SPOC 的混合教学实践与效果分析[J]. 考试周刊, 2018（08）：125-126.

[5] 宫娜. 高等职业教育实现混合式有效教学方法与途径探讨[J]. 现代职业教育, 2017（29）：26-27.

[6] 方小坤, 刘冬梅. 基于SPOC在线与翻转课堂融合模式的研究[J]. 课程教育研究, 2017（41）：249-250.

[7] 杨永旭, 李高祥, 刘军. 国内混合学习研究现状探析[J]. 中小学信息技术教育, 2017（09）：45-48.

[8] 杨倩. 基于SPOC混合式教学模式的实证研究[J]. 现代职业教育, 2017（22）：138-140.

[9] 边明伟. 建立客户忠诚之"九步法"[J]. 中国商论, 2017（20）：160-161.

[10] 陈旻. 试论活动导向的多种教学模式的混合式教学[J]. 现代职业教育, 2017（21）：126.

[11] 沈庆红. 浅谈基于网络和课堂的高中英语混合式教学模式[J]. 校园英语, 2017（29）：196-197.

[12] 阳树洪, 杨玉华. 中外合作办学中基于外方在线资源的混合教学探索与实践——以"软件工程"课程为例[J]. 课程教育研究, 2017（26）：237.

[13] 赵美云. 引领混合教学模式在汽轮机原理课程教学中的应用[J]. 现代职业教育, 2017（16）：28.

[14] 申扬帆, 张心宇. 网络精品课程资源下混合教学模式的设计与实施[J].

现代职业教育，2017（13）：40-41.

[15] 甘健侯，杨宇，赵波. 创新混合教学模式，推进高等教育在线教学改革[J]. 学术探索，2017（04）：140-144.

[16] 季红硕. 混合学习环境下智慧型教师培训模式研究[J]. 考试周刊，2017（26）：127-128.

[17] 任志惠. 我国在线教育的发展优势[J]. 好家长，2017（11）：243.

[18] 李孟君. 网络环境下高职思政理论课混合式教学研究[J]. 成才之路，2017（06）：16.

[19] 郭双鑫. 推进信息技术与教学深度融合——基于混合学习的大学英语案例[J]. 校园英语，2017（06）：86.

[20] 赵志琴. 基于微课的高等数学混合式课程教学[J]. 文理导航（中旬），2017（01）：39.

[21] 王静. 基于Unipus的大学英语混合式教学模式探索[J]. 校园英语，2016（28）：15-16.

[22] 杜克华，程兰，叶正茂，边明伟. 成都广播电视大学网络课程教学质量标准建设的研究与实践[J]. 南京广播电视大学学报，2016（03）：27-30.

[23] 魏晓彤. 基于微课的教师信息技术培训混合学习模式应用研究[J]. 中小学信息技术教育，2016（09）：32-35.

[24] 于淼，于兰. "互联网+职业教育"教学改革探讨[J]. 考试周刊，2016（65）：6-7.

[25] 赵莎莉. 基于微课教学的高职英语混合式学习模式设计[J]. 校园英语，2016（22）：74-75.

[26] 杨宏颖. O2O混合式教育：在线教育与传统教育的融合与创新[J]. 时代教育，2016（13）：160-161.

[27] 佚名. 为何中国学校对在线教育既乐观又谨慎?[J]. 云南教育（视界综合版），2016（05）：20-21.

[28] 王雷. 国学教育课程在线开放教学模式研究与实践[J]. 作文教学研究，2016（03）：124.

[29] 傅霖. 深圳大学：四个阶段透视十五年在线教育发展[J]. 中国教育网络，2016（05）：61-63.

[30] 聂风华. 在线教育：面向未来的重要战略部署[J]. 中小学校长，2016（03）：48-49.

[31] 王刚, 薛菲, 卞勋光, 张祥胜. 基于混合学习的微课设计开发研究进展[J]. 林区教学, 2016（03）: 8-9.

[32] 曾维娜. "互联网+"支持下的小学英语混合学习方式探究[J]. 中国信息技术教育, 2016（05）: 17-19.

[33] 唐亮, 王盈, 鲍广宇, 胡一平. 混合式学习的创变探索——"停课不停学"期间北京数字学校学习数据分析[J]. 中小学信息技术教育, 2016（02）: 14-16.

[34] 张渝江. 混合学习渐行渐近——国外K12在线教育发展现状与趋势[J]. 中小学信息技术教育, 2016（02）: 24-26.

[35] 赵耐丽, 宋小辉, 关文芳. 基于混合学习的工程制图课程教学改革探索[J]. 考试周刊, 2016（06）: 7-8.

[36] 边明伟. 我国家电企业营销渠道演变轨迹及其战略方向[J]. 中国职工教育, 2013（20）: 113-115.

[37] 方华, 熊若宇. 对构建电大远程教育"双阶"混合型教学模式的思考[J]. 教育探索, 2013（02）: 52-53.

[38] 谭春花. 混合型学习模式在电大英语阅读教学中的研究与实践[J]. 北方文学（下旬）, 2012（11）: 139-140.

[39] 刘端. 基层电大教师源于混合学习理论的教学范式探索——以本科会计专业《审计学》课程为例[J]. 贵州广播电视大学学报, 2012, 20（03）: 15-19.

[40] 胡飞娜. 电大开放教育中混合学习的教学模式[J]. 吉林广播电视大学学报, 2012（04）: 44-45.

[41] 王娟. 远程开放教育中基层电大课堂教学的实践研究——基于混合学习模式的视角[J]. 湖北大学成人教育学院学报, 2011, 29（04）: 43-45.

[42] 边明伟, 李妍, 刘晓燕. 企业销售团队会议的问题分析[J]. 知识经济, 2010（12）: 113.

[43] 边明伟. 现代营销人员的"三步上篮"[J]. 商场现代化, 2010（07）: 43.

[44] 边明伟. 我国家电生产企业分销渠道现状及对策研究[D]. 西南财经大学, 2010.

[45] 刘晓燕, 边明伟, 李妍. 论我国金融投资的风险问题[J]. 现代企业, 2008（07）: 49-50.

[46] 边明伟. 变革期的领导力[J]. 销售与市场, 2008（19）: 80-82.

[47] 边明伟. 境由心生, 自在娇子——成都娇子品牌成功推广启示录[J]. 中共成都市委党校学报, 2008（03）: 60-61.

[48] 边明伟. 十二步, 推动格兰仕空调"自建渠道"的成功[J]. 现代企业, 2007（01）: 60-61.

[49] 边明伟. 提升终端卖场销售人员销售能力的"一二三"[J]. 成都行政学院学报: 哲学社会科学, 2006（05）: 54-55.

[50] 边明伟, 韩国都. 英国健康与安全管理对我们的启示[J]. 建筑安全, 2006（09）: 46-49.

[51] 李渝, 罗骥. 云南电大混合型教学模式的构建与实践[J]. 云南电大学报, 2006（01）: 3-8.

[52] 边明伟. 导购员: 永远不要对顾客说"没有"[J]. 中国商贸, 2006（01）: 38.

[53] 王一帆. 从毕业生追踪调查看云南电大现代远程开放教育混合型教学模式[J]. 云南电大学报, 2005（04）: 19-24.

[54] 江声皖. 电大教学体系构建应正视其混合型教育形态的特征[J]. 安徽广播电视大学学报, 2005（02）: 52-54.

[55] 边明伟. IBM 进军中国西部 IT 界[J]. 资源开发与市场, 2001（05）: 34-35.

[56] 边明伟. "一元老板"创业新起点[J]. 经营管理者, 2001（01）: 21-22.